JN055273

不動産投資の税金を最適化

「減価償却」節税バイブル

不動産専門
税理士
萱谷有香

技術評論社

まえがき

　不動産賃貸業を行う上で、必ずといっていいほど発生する経費が2つあります。何だと思いますか？

　それは、**「固定資産税」** と **「減価償却費」** です。

　物件の購入にあたり借入をしなければ「支払利息」という経費は発生しませんし、自主管理をすれば「管理費」という経費も発生しませんが、「固定資産税」と「減価償却費」は、ほぼ確実に発生します。

　固定資産税は、納税者がどうにかできる余地はほぼありませんが、**減価償却費は、納税者の工夫の余地がたくさんある**ことをご存じでしょうか。
　これを知っているか知らないかで、不動産賃貸業から得られるあなたのキャッシュフローは大きく変わります。

　たかが減価償却、されど減価償却です。
　減価償却についてマスターすることで、あなたは不動産投資の成功に近づけるのです。
　そこで本書では最初から最後まで、とことん「減価償却」に特化し、深掘りしていきます。

　また本書は、不動産賃貸業を行う方のうち、個人事業としてではなく法人の事業として行う方を対象としています。
　もちろん、読者のあなたが個人の不動産投資家だとしても、あるいは、これから法人で不動産賃貸業を行う予定の不動産投資家だとして

も、お読みいただければ確実に知識の幅が広がります。

　まず、**第1章**で減価償却の基本中の基本をおさえてください。この第1章の考え方が最後まで影響しますので、不動産投資の熟練者であったとしても目を通していただきたいと思います。

　第2章〜第3章では、不動産投資専門の税理士法人に所属する私の実務上の経験、自ら取り組んでいる賃貸業の経験を踏まえてさまざまな工夫の仕方を紹介します。かなり計算が多いですが、減価償却を工夫することで、不動産賃貸業から得られるキャッシュフローが大きく変わることが理解いただけると思います。

　第4章では、減価償却に絡んだかなりマニアックな内容を書きました。実務では頻繁に検討されている内容ですので、完全に理解していただければ不動産投資における可能性が広がると思います。

　第5章では、不動産投資家からよくいただく質問に加えて、賃貸業を拡大していくのに欠かすことのできない融資情報、検討してもらいたい節税情報も載せていますので参考にしてみてください。

　これまで数々の収益不動産から学び得た私なりの考えを、私と同じ不動産投資家の皆さんにお伝えしたいと書き綴りました。
　この本を読み終わったとき、皆さんの減価償却に対する見方が変わることを期待しています。

2021年6月

萱谷 有香

特典動画
「減価償却費と節税」の視聴方法

　法人の減価償却費を使った節税テクニックを、税理士であり不動産投資家でもある筆者が動画でわかりやすくお伝えします。この特典動画は読者限定のネット配信動画で、パソコンからでもスマートフォンからでも再生できます。1時間を超える動画になりますのでデータ通信量にご注意ください。

　特典動画を視聴するには、以下のQRコードを読み取るか、もしくは以下のURLをブラウザのアドレスバーに入力して申込フォームを表示させてください。

申込フォームURL：
https://f.msgs.jp/webapp/form/16349_vey_102/index.do

　表示された申込フォームに、メールアドレス、お名前、パスワードを入力して〔送信〕ボタンを押してください。自動返信メールにて、特典動画を視聴できるURLをお送りします。

　パスワードは以下を入力してください。

パスワード：EQu26ts

　本動画の内容の正確性については十分注意をしておりますが、税法の改正にともなって情報が陳腐化する場合や、不正確な情報が含まれている場合もあります。情報が陳腐化した場合および不正確であったことにより生じた損害について、筆者および技術評論社は一切の責任を負いません。また、説明が複雑になることを避けるため、一部に法律用語によらない表現や詳細な説明を省略している場合があります。

　本動画に収録されている映像および音声をその一部でも、著作権者の許諾なしに複製、改編、上映、上演を行うこと、および放送、有線放送、インターネットTVなどにより公衆に配信することは法律により固く禁止されており、違反した場合は刑事罰および民事罰を招来することになります。

第 **2** 章

基本編 | 減価償却費を使いこなす 5つの方法

第4章 上級編 不動産投資家なら知っておきたい 減価償却費のオプション

CONTENTS

4-7 海外中古不動産の減価償却費には要注意

第5章

質問集編　さらに掘り下げるための 11の問い

CONTENTS

第**1**章

導入編
減価償却費の本質

減価償却をおさらいする

知っているようで意外と知らないことが多い減価償却。ここでは、減価償却を行う意味を理解してもらいます。減価償却の性質や考え方を知って、減価償却に対する見方を変えましょう。

☑ なぜ減価償却をしなければならないのかを改めて頭に入れる。
☑ 減価償却費を計上する前に行う節税対策があることを理解する。

個人名義と法人名義の違い

　これから減価償却について詳しくお伝えしていきますが、基本的に**「個人」の減価償却ではなく、「法人」の減価償却に焦点を当てて説明していきます**ので、その点は十分に念頭に置いておいてください。

　ここでいう「個人」とは、個人名義で収益物件を購入し、不動産賃貸業を行っている人を指します。具体的には、不動産賃貸業だけで生計を立てている専業大家、サラリーマンの副業として賃貸業を行っているサラリーマン大家をイメージしてもらえばOKです。この場合、個人の不動産所得の計算上、減価償却費を計上して所得税の確定申告を行うことになります。

　一方、「法人」とは、有限会社、株式会社、合同会社の形態を問わず**法人名義で収益物件を購入し、法人で家賃収入を得ることにより賃貸業を行う**人を指します。この場合、法人で損益計算を行い、法人税などの確定申告を行います。

　もっとも多いのは、**プライベートカンパニーを立ち上げて、その法人の代表になることで賃貸業を始める**パターンです。

　プライベートカンパニーとは、簡単にいうと、オーナーやその家族によって会社が所有されている法人のことです。

個人で賃貸業を行うのではなく、あえてプライベートカンパニーを活用するのにはいくつかの理由があります。

---

❶ 節税のため

・オーナーの配偶者や、両親、兄弟、子供のうち、所得の低い親族を役員として登記し、**役員報酬を支払うことで所得を分散**させることができる

・個人の所得税率が高いため、法人で賃貸業を行うほうが納税額が少なくなる

・法人のほうが節税対策の幅が広い

❷ 相続対策のため

・❶の役員報酬の所得分散により、**相続財産が増えることを防止できる**

・個人で収益物件を所有する場合、相続が発生するたびに相続登記をしなければならないが、法人名義にすることによって、そのような登記がなくなり、**株式や持分を引き継がせることで事業承継が可能になる**

これから、法人による減価償却について説明していきます。

減価償却と減価償却費

減価償却とは、**建物などの劣化に応じて、その一部を徐々に経費にしていくこと**をいいます。

その経費にしていく際の勘定科目が「**減価償却費**」となるわけです。

不動産賃貸業ではいくつもの取引が行われます。その取引のなかで、さまざまな経費を支払いますが、その取引の種類によって経費を計上す

る際の勘定科目が変わります。

　具体例を挙げてみましょう。

---

❶ 取引 物件の固定資産税を支払った 　⇨ 　勘定科目：租税公課
❷ 取引 管理会社に仲介手数料（AD）を支払った

　　　　　　　　　　　　　　　⇨ 　勘定科目：広告宣伝費
❸ 取引 退去した部屋の修繕費を支払った 　⇨ 　勘定科目：修繕費
❹ 取引 管理会社へ管理手数料を支払った 　⇨ 　勘定科目：管理費
❺ 取引 収益物件（建物）を購入した 　⇨ 　勘定科目：減価償却費

　減価償却費は、固定資産（建物、車両、機械装置など）を購入したあと、経費として計上する際に用いる勘定科目ということになります。

徐々に経費化するとは？

　建物などの固定資産は、一気に経費にできるわけではなく、徐々にしか経費にできません。

　たとえば、接待交際による飲食代や事務用品の購入などについては、支払ったタイミングと経費計上するタイミングは基本的に一致します。

「支出」＝「経費計上」

　一方、不動産投資として建物を購入した場合、購入金額の全額を経費に計上することはできませんので、支払ったタイミングと経費計上するタイミングは基本的に一致しません。

「支出」≠「経費計上」

例として法人の第1期に1億円の建物を購入した場合を考えてみます。

この1億円の建物を10年間にわたって減価償却（経費計上）することとします。

支出 ＝ 第1期に1億円

経費 ＝ 第1期〜第10期にわたって毎年1,000万円ずつ

このように、支出と経費計上のタイミングにズレが生じるのには理由があります。

それは、一言でいってしまうと、**「収益と費用を期間対応させるため」**です。収益と費用を期間対応させることによって、**利益を適正に計算することができるようになります。**

別の言い方をするなら、収益物件の建物は、耐用年数を通じて売上（家賃収入）獲得に貢献するものですから、その建物を使用期間中の各年度の費用として配分する必要がある、ということになります。

減価償却は利益の繰延に過ぎない

建物などは減価償却費として徐々に経費計上していくわけですが、**毎期、減価償却費を計上すること自体、実は利益の繰延である**ことをご存じでしょうか。

利益の繰延とは、法人で利益が発生した場合、本来はその利益が出た事業年度に支払うべき法人税などを翌期以降に繰越するということです。

なぜ減価償却費を毎期計上していくことが利益の繰延になるのかを説明します。

収益物件を購入して、毎期減価償却費を計上すると、その分利益が圧

縮され、法人税の支払いは少なくなりますが、**それと同時に建物の簿価も減少していきます。**

　収益物件の売却時には売価と簿価の差が売却益になります。簿価が減少するということは売却益が大きくなって、そこに法人税が課税されてしまうということです。

　少し数字を使って計算してみます。

図1-1　前提条件

建物価額	1億円
耐用年数	10年（毎期の減価償却費は1,000万円）
家賃収入	1,200万円（一定とする）
固定資産税などの経費	200万円（一定とする）

　10年経過後に1億円で売却するとします。

❶ 毎期減価償却費を計上（利益を繰延）

物件保有中1年目〜10年目までの利益	⇨	ゼロ
家賃収入	1,200万円	
経費	△200万円	
減価償却費	△1,000万円	
利益	0円	

物件売却時11年目の利益	⇨	1億円
売価	1億円	
簿価	0円	
利益	1億円	

❷ 毎期減価償却費を計上しない（利益を繰延しない）

物件保有中1年目〜10年目までの利益 ⇨ 1,000万円 × 10年＝1億円	
家賃収入	1,200万円
経費	△200万円
減価償却費	0円
利益	1,000万円
物件売却時11年目の利益 ⇨ ゼロ	
売価	1億円
簿価	1億円
利益	0円

　❶と❷を比較してもらうと、発生する利益はトータルでは同じになります。

　❶の場合は10年間利益がゼロなので、法人税は1円も発生しませんでしたが、11年目の売却時には法人税が発生します。

　❷の場合は、10年間、毎年利益1,000万円が出るので法人税を支払わなければなりませんが、11年目の売却時には売却益がゼロなので法人税の支払いはありません。

　この結果からわかるとおり、減価償却費を計上することは利益の繰延になるのです。税金の支払いを先延ばしにしているだけで、いつかは払わなければならないのです。

　ですから、**減価償却費を計上する以前にやるべき節税対策を行った上で減価償却費を計上すべき**です。

減価償却費を計上する前にやるべき節税対策

節税対策には、大きく分けて次の4種類があります。

❶ お金を出さないで、法人税を減少させる対策
❷ お金を出さないで、法人税を繰り延べる対策
❸ お金を出して、法人税を減少させる対策
❹ お金を出して、法人税を繰り延べる対策

❶～❹について、不動産投資を行っている法人ができる対策をマトリックス図にまとめます。

図1-2　4種類の節税対策

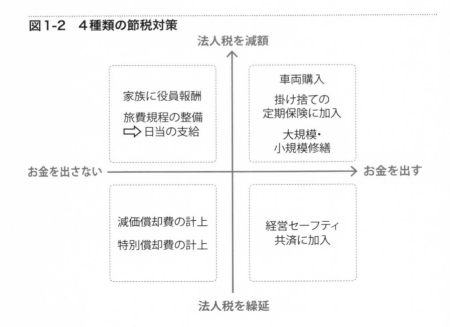

横軸は、お金を出すか、出さないかを示しています。

縦軸は、法人税をダイレクトに減額するか、繰り延べるかを示しています。

❶の「**お金を出さないで、法人税を減少させる対策**」が、家族への役員報酬、旅費規程の整備になります。

役員報酬は、法人から個人へ報酬を支払うので、お金は出ていくのですが、不動産投資事業の法人は、その社長の家族や親族しか役員になっていないことが多いため、親族にお金が移っただけで、お金自体は減っていないという考え方です。法人から役員報酬を支払うことで経費となり、法人税が減少します。

また、旅費規程を整備することで、日当を法人から支払うことができます。**日当の計上は、旅費交通費のような経費となり、それを受け取った役員や従業員は非課税**となりますので、非常に節税効果が高くなります。

❷の「**お金を出さないで、法人税を繰り延べる対策**」が、減価償却費、特別償却費の計上になります。減価償却費はお金を出さないので、とても楽な節税対策になりますが、先ほどもお伝えしたとおり、利益の繰延であることを念頭に置いておくようにしてください。

❸の「**お金を出して、法人税を減少させる対策**」が、掛け捨ての生命保険への加入、大規模・小規模修繕になります。どれもお金を出さなければいけませんが、法人税がダイレクトに減少する可能性が高いものです。

❹の「**お金を出して、法人税を繰り延べる対策**」が、経営セーフティ共済（中小企業倒産防止共済）への加入となります。この経営セーフティ共済は、共済へ保険料を支払っていくのでお金が出ますが、**支払っ**

た分はすべて経費となります。しかし、一定額を掛けたのち、解約返戻^{へんれい}金を受け取る際は、法人の売上となってしまうため、法人税の繰延に過ぎないものとなります。

　節税対策として行ってほしい順番は次のとおりです。

　　　順位1　❶ お金を出さないで、法人税を減少させる対策
　　　　　　　　⇩
　　　順位2　❷ お金を出さないで、法人税を繰り延べる対策
　　　　　　　❸ お金を出して、法人税を減少させる対策
　　　　　　　　⇩
　　　順位3　❹ お金を出して、法人税を繰り延べる対策

　つまり、**減価償却費を計上する前に、❶（お金を出さないで、法人税を減少させる対策）や❸（お金を出して、法人税を減少させる対策）も検討してほしい**ということです。

　そうすることで、**売却までのトータルとしての手残りを増やせる可能性が高くなる**からです。

1-2

減価償却の償却方法

減価償却の償却方法は数種類ありますが、そのうち不動産投資家は2種類をマスターしてください。どのような資産で、どの償却方法を使うのかも覚えておきましょう。

☑ **2種類の償却方法を理解し、計算できるようにする。**
☑ **不動産投資家がおさえるべき「資産の区分と原則の償却方法」を覚える。**

減価償却できる資産、できない資産

何でもかんでも減価償却するわけではありません。減価償却ができるのは、次のいずれにも当てはまる資産です。

❶ 業務で使用している資産
❷ 時間が経つにつれて劣化する資産

形のあるものを「有形固定資産」といい、形のないものを「無形固定資産」といいます。

[有形固定資産]
建物、建物附属設備、構築物、器具備品、機械装置、車両など

[無形固定資産]
ソフトウェア、特許権、商標権、意匠など

減価償却ができない資産は、次に該当する資産です。

❶ 業務に使っていない固定資産
❷ 時間が経っても劣化しない固定資産

減価償却できない資産
土地・借地権、電話加入権、書画・骨とうなど、稼働休止中の資産

定額法の基本

不動産投資家が必ず知っておくべき償却方法の1つ目が「**定額法**」です。

定額法の特徴は、毎年同じ金額を減価償却していくことです。

計算式は次のようになります。

減価償却費（減価償却限度額）＝ 取得価額 × 定額法の償却率
※償却率は固定資産の耐用年数によって決まっています。

26 ～ 29ページに償却率の一覧表を付けています。固定資産の耐用年数によって償却率が変わっていることを確認してください。

上記の計算式で求められる減価償却費の金額を計上すると、全額が損金（経費）になります。しかし、**この減価償却費の金額以上に計上して**

も、その超えた部分については損金（経費）とならず、損金不算入になる点に注意してください。つまり、先ほどの計算式で求められる減価償却費の金額が、損金になる限度額となりますので、**「減価償却限度額」**とイコールになります。

　たとえば、取得価額1,000円で耐用年数10年とするなら、定額法の償却率は26ページの償却率表から0.1になるので、

1,000円 × 0.1 ＝ 100円

が毎年の減価償却費であり、減価償却限度額でもあるということです。

図1-3　定額法のイメージ

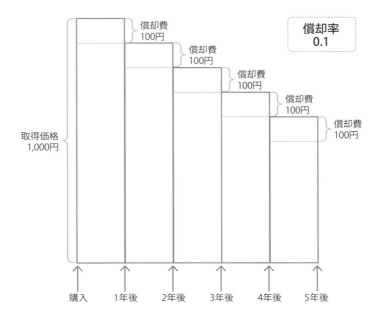

図1-4　償却率表

耐用年数	平成19年3月31日以前取得 旧定額法	平成19年3月31日以前取得 旧定率法	平成19年4月1日以後取得 定額法	平成19年4月1日～平成24年3月31日取得 定率法 償却率	平成19年4月1日～平成24年3月31日取得 定率法 改定償却率	平成19年4月1日～平成24年3月31日取得 定率法 保証率	平成24年4月1日以後取得 定率法 償却率	平成24年4月1日以後取得 定率法 改定償却率	平成24年4月1日以後取得 定率法 保証率
2	0.500	0.684	0.500	1.000	—	—	1.000	—	—
3	0.333	0.536	0.334	0.833	1.000	0.02789	0.667	1.000	0.11089
4	0.250	0.438	0.250	0.625	1.000	0.05274	0.500	1.000	0.12499
5	0.200	0.369	0.200	0.500	1.000	0.06249	0.400	0.500	0.10800
6	0.166	0.319	0.167	0.417	0.500	0.05776	0.333	0.334	0.09911
7	0.142	0.280	0.143	0.357	0.500	0.05496	0.286	0.334	0.08680
8	0.125	0.250	0.125	0.313	0.334	0.05111	0.250	0.334	0.07909
9	0.111	0.226	0.112	0.278	0.334	0.04731	0.222	0.250	0.07126
10	0.100	0.206	0.100	0.250	0.334	0.04448	0.200	0.250	0.06552
11	0.090	0.189	0.091	0.227	0.250	0.04123	0.182	0.200	0.05992
12	0.083	0.175	0.084	0.208	0.250	0.03870	0.167	0.200	0.05566
13	0.076	0.162	0.077	0.192	0.200	0.03633	0.154	0.167	0.05180
14	0.071	0.152	0.072	0.179	0.200	0.03389	0.143	0.167	0.04854
15	0.066	0.142	0.067	0.167	0.200	0.03217	0.133	0.143	0.04565
16	0.062	0.134	0.063	0.156	0.167	0.03063	0.125	0.143	0.04294
17	0.058	0.127	0.059	0.147	0.167	0.02905	0.118	0.125	0.04038
18	0.055	0.120	0.056	0.139	0.143	0.02757	0.111	0.112	0.03884
19	0.052	0.114	0.053	0.132	0.143	0.02616	0.105	0.112	0.03693
20	0.050	0.109	0.050	0.125	0.143	0.02517	0.100	0.112	0.03486
21	0.048	0.104	0.048	0.119	0.125	0.02408	0.095	0.100	0.03335
22	0.046	0.099	0.046	0.114	0.125	0.02296	0.091	0.100	0.03182
23	0.044	0.095	0.044	0.109	0.112	0.02226	0.087	0.091	0.03052
24	0.042	0.092	0.042	0.104	0.112	0.02157	0.083	0.084	0.02969
25	0.040	0.088	0.040	0.100	0.112	0.02058	0.080	0.084	0.02841
26	0.039	0.085	0.039	0.096	0.100	0.01989	0.077	0.084	0.02716
27	0.037	0.082	0.038	0.093	0.100	0.01902	0.074	0.077	0.02624

耐用年数	平成19年3月31日以前取得		平成19年4月1日以後取得	平成19年4月1日～平成24年3月31日取得			平成24年4月1日以後取得		
	旧定額法	旧定率法	定額法	定率法			定率法		
				償却率	改定償却率	保証率	償却率	改定償却率	保証率
28	0.036	0.079	0.036	0.089	0.091	0.01866	0.071	0.072	0.02568
29	0.035	0.076	0.035	0.086	0.091	0.01803	0.069	0.072	0.02463
30	0.034	0.074	0.034	0.083	0.084	0.01766	0.067	0.072	0.02366
31	0.033	0.072	0.033	0.081	0.084	0.01688	0.065	0.067	0.02286
32	0.032	0.069	0.032	0.078	0.084	0.01655	0.063	0.067	0.02216
33	0.031	0.067	0.031	0.076	0.077	0.01585	0.061	0.063	0.02161
34	0.030	0.066	0.030	0.074	0.077	0.01532	0.059	0.063	0.02097
35	0.029	0.064	0.029	0.071	0.072	0.01532	0.057	0.059	0.02051
36	0.028	0.062	0.028	0.069	0.072	0.01494	0.056	0.059	0.01974
37	0.027	0.060	0.028	0.068	0.072	0.01425	0.054	0.056	0.01950
38	0.027	0.059	0.027	0.066	0.067	0.01393	0.053	0.056	0.01882
39	0.026	0.057	0.026	0.064	0.067	0.01370	0.051	0.053	0.01860
40	0.025	0.056	0.025	0.063	0.067	0.01317	0.050	0.053	0.01791
41	0.025	0.055	0.025	0.061	0.063	0.01306	0.049	0.050	0.01741
42	0.024	0.053	0.024	0.060	0.063	0.01261	0.048	0.050	0.01694
43	0.024	0.052	0.024	0.058	0.059	0.01248	0.047	0.048	0.01664
44	0.023	0.051	0.023	0.057	0.059	0.01210	0.045	0.046	0.01664
45	0.023	0.050	0.023	0.056	0.059	0.01175	0.044	0.046	0.01634
46	0.022	0.049	0.022	0.054	0.056	0.01175	0.043	0.044	0.01601
47	0.022	0.048	0.022	0.053	0.056	0.01153	0.043	0.044	0.01532
48	0.021	0.047	0.021	0.052	0.053	0.01126	0.042	0.044	0.01499
49	0.021	0.046	0.021	0.051	0.053	0.01102	0.041	0.042	0.01475
50	0.020	0.045	0.020	0.050	0.053	0.01072	0.040	0.042	0.01440
51	0.020	0.044	0.020	0.049	0.050	0.01053	0.039	0.040	0.01422
52	0.020	0.043	0.020	0.048	0.050	0.01036	0.038	0.039	0.01422
53	0.019	0.043	0.019	0.047	0.048	0.01028	0.038	0.039	0.01370

| 耐用年数 | 平成19年3月31日以前取得 | | 平成19年4月1日以後取得 | 平成19年4月1日～平成24年3月31日取得 | | | 平成24年4月1日以後取得 | | |
| | | | | 定率法 | | | 定率法 | | |
	旧定額法	旧定率法	定額法	償却率	改定償却率	保証率	償却率	改定償却率	保証率
54	0.019	0.042	0.019	0.046	0.048	0.01015	0.037	0.038	0.01370
55	0.019	0.041	0.019	0.045	0.046	0.01007	0.036	0.038	0.01337
56	0.018	0.040	0.018	0.045	0.046	0.00961	0.036	0.038	0.01288
57	0.018	0.040	0.018	0.044	0.046	0.00952	0.035	0.036	0.01281
58	0.018	0.039	0.018	0.043	0.044	0.00945	0.034	0.035	0.01281
59	0.017	0.038	0.017	0.042	0.044	0.00934	0.034	0.035	0.01240
60	0.017	0.038	0.017	0.042	0.044	0.00895	0.033	0.034	0.01240
61	0.017	0.037	0.017	0.041	0.042	0.00892	0.033	0.034	0.01201
62	0.017	0.036	0.017	0.040	0.042	0.00882	0.032	0.033	0.01201
63	0.016	0.036	0.016	0.040	0.042	0.00847	0.032	0.033	0.01165
64	0.016	0.035	0.016	0.039	0.040	0.00847	0.031	0.032	0.01165
65	0.016	0.035	0.016	0.038	0.039	0.00847	0.031	0.032	0.01130
66	0.016	0.034	0.016	0.038	0.039	0.00828	0.030	0.031	0.01130
67	0.015	0.034	0.015	0.037	0.038	0.00828	0.030	0.031	0.01097
68	0.015	0.033	0.015	0.037	0.038	0.00810	0.029	0.030	0.01097
69	0.015	0.033	0.015	0.036	0.038	0.00800	0.029	0.030	0.01065
70	0.015	0.032	0.015	0.036	0.038	0.00771	0.029	0.030	0.01034
71	0.014	0.032	0.015	0.035	0.036	0.00771	0.028	0.029	0.01034
72	0.014	0.032	0.014	0.035	0.036	0.00751	0.028	0.029	0.01006
73	0.014	0.031	0.014	0.034	0.035	0.00751	0.027	0.027	0.01063
74	0.014	0.031	0.014	0.034	0.035	0.00738	0.027	0.027	0.01035
75	0.014	0.030	0.014	0.033	0.034	0.00738	0.027	0.027	0.01007
76	0.014	0.030	0.014	0.033	0.034	0.00726	0.026	0.027	0.00980
77	0.013	0.030	0.013	0.032	0.033	0.00726	0.026	0.027	0.00954
78	0.013	0.029	0.013	0.032	0.033	0.00716	0.026	0.027	0.00929
79	0.013	0.029	0.013	0.032	0.033	0.00693	0.025	0.026	0.00929

耐用年数	平成19年3月31日以前取得		平成19年4月1日以後取得	平成19年4月1日～平成24年3月31日取得			平成24年4月1日以後取得		
	旧定額法	旧定率法	定額法	定率法			定率法		
				償却率	改定償却率	保証率	償却率	改定償却率	保証率
80	0.013	0.028	0.013	0.031	0.032	0.00693	0.025	0.026	0.00907
81	0.013	0.028	0.013	0.031	0.032	0.00683	0.025	0.026	0.00884
82	0.013	0.028	0.013	0.030	0.031	0.00683	0.024	0.024	0.00929
83	0.012	0.027	0.013	0.030	0.031	0.00673	0.024	0.024	0.00907
84	0.012	0.027	0.012	0.030	0.031	0.00653	0.024	0.024	0.00885
85	0.012	0.026	0.012	0.029	0.030	0.00653	0.024	0.024	0.00864
86	0.012	0.026	0.012	0.029	0.030	0.00645	0.023	0.023	0.00885
87	0.012	0.026	0.012	0.029	0.030	0.00627	0.023	0.023	0.00864
88	0.012	0.026	0.012	0.028	0.029	0.00627	0.023	0.023	0.00844
89	0.012	0.026	0.012	0.028	0.029	0.00620	0.022	0.022	0.00863
90	0.012	0.025	0.012	0.028	0.029	0.00603	0.022	0.022	0.00844
91	0.011	0.025	0.011	0.027	0.027	0.00649	0.022	0.022	0.00825
92	0.011	0.025	0.011	0.027	0.027	0.00632	0.022	0.022	0.00807
93	0.011	0.025	0.011	0.027	0.027	0.00615	0.022	0.022	0.00790
94	0.011	0.024	0.011	0.027	0.027	0.00598	0.021	0.021	0.00807
95	0.011	0.024	0.011	0.026	0.027	0.00594	0.021	0.021	0.00790
96	0.011	0.024	0.011	0.026	0.027	0.00578	0.021	0.021	0.00773
97	0.011	0.023	0.011	0.026	0.027	0.00563	0.021	0.021	0.00757
98	0.011	0.023	0.011	0.026	0.027	0.00549	0.020	0.020	0.00773
99	0.011	0.023	0.011	0.025	0.026	0.00549	0.020	0.020	0.00757
100	0.010	0.023	0.010	0.025	0.026	0.00546	0.020	0.020	0.00742

定率法の基本

不動産投資家が必ず知っておくべき償却方法の2つ目が「**定率法**」です。

定率法の特徴は、償却費の額がはじめの年ほど多く、年とともに減少することです。

計算式は次のようになります。

減価償却費（減価償却限度額）＝ 未償却残高 × 定率法の償却率

※償却率は固定資産の耐用年数によって決まっています。
※未償却残高は、期首簿価になります。

たとえば、取得価額1,000円で耐用年数10年とするなら、定率法の償却率は26ページの償却率表から0.2になるので、

1年目の償却額　1,000円×0.2＝200円
2年目の償却額　（1,000円－200円）×0.2＝160円
3年目の償却額　（1,000円－200円－160円）×0.2＝128円
4年目の償却額　（1,000円－200円－160円－128円）
$$×0.2＝102円$$
5年目の償却額　（1,000円－200円－160円－128円－102円）
$$×0.2＝82円$$

というようになります。

図に表すと図1-5のようになります。

図1-5 定率法のイメージ

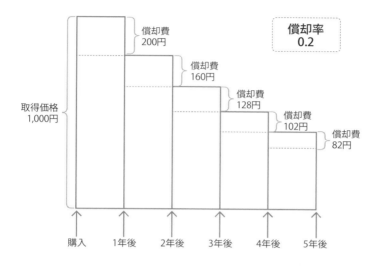

償却率を決めるのは耐用年数

図1-4の償却率表を見てもらうとわかるとおり、償却率は耐用年数がわからないと出せません。

不動産投資家として知っておいたほうが（暗記しておいたほうが）よい固定資産の種類と耐用年数を32ページの図1-6に記載します。

ただ、これはあくまでも新築物件の法定耐用年数になります。

中古物件の耐用年数については、第2章で詳しく計算方法を説明します。

図1-6について補足します。

鉄骨には3種類ありますが、骨格材の肉厚によって分類されます。ですので、骨格材の肉厚がどれになるかを調べる必要があります。これを実際に測るのは難しいので、建築設計書、仕様書で調べることになります。

骨格材の厚さは使われている部位によって違うので主要部分の柱の肉厚を確認してください。建築設計書や仕様書を見慣れていない場合は判断が難しいと思いますので、その場合は仲介業者や売主に直接確認を取るようにしましょう。

図1-6　不動産投資に関わる固定資産と耐用年数

種類	構造	用途	耐用年数
建物	鉄筋コンクリート	事務所用	50
		住宅用	47
	重量鉄骨 （骨格材が4mm超）	事務所用	38
		住宅用	34
	軽量鉄骨 （骨格材が3mm超〜4mm以下）	事務所用	30
		住宅用	27
	軽量鉄骨 （骨格材3mm以下）	事務所用	22
		住宅用	19
	木造	事務所用	24
		住宅用	22
建物附属設備	電気設備		15
	給排水、衛生設備、ガス設備		15
	昇降機設備（エレベーター）		17
	消火、排煙、災害報知設備		8
構築物	舗装道路、舗装路面	コンクリート	15
		アスファルト	10
	門・塀	ブロック	15
		金属	10
器具備品	宅配ボックス		10
	集合郵便受け		10
	インターフォン		6
	パソコン		4

原則の償却方法を覚えておく

　法人が行う減価償却費の計算は、平成19（2007）年4月1日を境にして大きく変わりました。

平成19（2007）年3月31日以前に固定資産を取得
　・旧定額法
　・旧定率法
　⇩
平成19（2007）年4月1日以後〜平成24（2012）年3月31日以前
に固定資産を取得
　・新定額法
　・新定率法（250％償却）
　⇩
平成24（2012）年4月1日以後に固定資産を取得
　・新定額法
　・新定率法（200％償却）
　⇩
平成28（2016）年4月1日以後に固定資産を取得
　・建物附属設備と構築物は定額法に限定

　平成19（2007）年3月31日以前に収益物件を取得した場合は、基本的に**建物は旧定額法**で、**それ以外（建物附属設備、構築物、機械装置、車両など）は旧定率法**になります。

　平成19（2007）年4月1日以後に収益物件を取得した場合は、基本的に**建物は定額法**で、**それ以外（建物附属設備、構築物、機械装置、車両など）は定率法**になります。

　「基本的に」といっているのは、この償却方法が原則なのですが、償却方法を変更する届出を税務署に提出し、承認を受ければ原則の償却方法を変更することも可能だからです。

　その後、法改正があり、**平成28（2016）年4月1日以後に取得した**

「建物附属設備」と「構築物」だけは、定率法ではなく定額法が原則に変わりました。

　つまり、**建物附属設備と構築物については、建物と同じように償却しなければならない**という改正が入ったということです。

　定率法ですと、当初は償却額が多いので利益が出にくくなります。国税当局側から見ると税収が少なくなるわけです。定額法にすることによって利益が平準化するので、税収も安定しやすくなります。少しばかり納税者不利の改正といえるでしょう。

　不動産投資家が覚えておくべき「資産の区分と原則の償却方法」をまとめます。これは必ず覚えておいてください。

資産の区分		原則の償却方法
建物	⇨	定額法
建物附属設備	⇨	定額法
構築物	⇨	定額法
機械装置	⇨	定率法
車両	⇨	定率法
器具備品	⇨	定率法

※いずれも平成28（2016）年4月1日以後取得の場合。

1-3

減価償却における
個人と法人の最大の違い

減価償却の大事な考え方をここで学んでもらいます。多くの不動産投資家が間違った理解をしているなど、意外と知られていない論点になります。

☑ 個人と法人の最大の違いが何であるか理解する。
☑ 任意償却の考え方を正しく理解する。

個人と法人の最大の違いとは？

第1章のなかでもっとも大事な論点ともいえる、減価償却における個人と法人の違いについて説明します。

その違いは、一言でいってしまうと次のとおりです。

個人 ⇨ 　強制償却　

法人 ⇨ 　任意償却　

まず、個人が「**強制償却**」であることから説明します。

「強制」ですから、個人の場合は、先ほど理解してもらった定額法や定率法を用いて算出された減価償却費の金額をすべて費用に計上しなければなりません。

計算で求められた減価償却費の金額より1円でも多くても少なくてもダメなのです。

所得税法の条文では、次のように書かれています。

【減価償却資産の償却費の計算及びその償却の方法】

第49条　居住者のその年12月31日において有する**減価償却資産につきその償却費として第37条（必要経費）の規定によりその者の不動産所得の金額**、事業所得の金額、山林所得の金額又は雑所得の金額の**計算上必要経費に算入する金額は**、その取得をした日及びその種類の区分に応じ、償却費が毎年同一となる償却の方法、償却費が毎年一定の割合で逓減する償却の方法その他の政令で定める償却の方法の中からその者が当該資産について**選定した償却の方法**（償却の方法を選定しなかつた場合には、償却の方法のうち政令で定める方法）**に基づき政令で定めるところにより計算した金額とする**。

2　前項の選定をすることができる償却の方法の特例、償却の方法の選定の手続、償却費の計算の基礎となる減価償却資産の取得価額、減価償却資産について支出する金額のうち使用可能期間を延長させる部分等に対応する金額を減価償却資産の取得価額とする特例その他減価償却資産の償却に関し必要な事項は、政令で定める。

　では、次に法人が「**任意償却**」であることを説明します。

　法人の場合は、**定額法や定率法を用いて算出された減価償却費の金額をすべて費用に計上するかどうかは自由**です。

　別の言い方をするなら、**計算で求められた減価償却費の金額を限度として、1円単位で好きな金額を決めて費用として計上できる**ということです。もちろん、経費として1円も計上しない「ゼロ円」という選択肢もあるわけです。

　法人税法の条文では、次のように書かれています。

【減価償却資産の償却費の計算及びその償却の方法】

第31条　**内国法人の各事業年度終了の時において有する減価償却資産につきその償却費として第22条第3項（各事業年度の損金の額に算入する金額）**

の規定により当該事業年度の所得の金額の計算上**損金の額に算入する金額は、その内国法人が当該事業年度においてその償却費として損金経理をした金額**（以下この条において「損金経理額」という。）**のうち**、その取得をした日及びその種類の区分に応じ、償却費が毎年同一となる償却の方法、償却費が毎年一定の割合で逓減する償却の方法その他の政令で定める償却の方法の中からその内国法人が当該資産について選定した償却の方法（償却の方法を選定しなかつた場合には、償却の方法のうち政令で定める方法）に基づき**政令で定めるところにより計算した金額**（次項において「償却限度額」という。）**に達するまでの金額とする。**

2　内国法人が、適格分割、適格現物出資又は適格現物分配（適格現物分配にあつては、残余財産の全部の分配を除く。以下第4項までにおいて「適格分割等」という。）により分割承継法人、被現物出資法人又は被現物分配法人に減価償却資産を移転する場合において、当該減価償却資産について損金経理額に相当する金額を費用の額としたときは、当該費用の額とした金額（次項及び第4項において「期中損金経理額」という。）のうち、当該減価償却資産につき当該適格分割等の日の前日を事業年度終了の日とした場合に前項の規定により計算される償却限度額に相当する金額に達するまでの金額は、当該適格分割等の日の属する事業年度（第4項において「分割等事業年度」という。）の所得の金額の計算上、損金の額に算入する。

　この個人と法人の違いは減価償却を考える上で、もっとも重要な考え方になります。

　なぜなら、個人の場合は**有無をいわさず減価償却費を計上しなければならないので、何も選択肢や検討の余地がない**のに対し、法人の場合は**限度額の範囲内で自由に計上額を決められるので、選択肢や検討する余地がたくさんある**からです。

任意償却をもっとわかりやすく

　法人が任意償却であることについて、ぼんやりしたイメージだと、この先でつまずいてしまうかもしれません。任意償却を身近に感じて理解を深めてもらうために、減価償却の考え方をお菓子の「カステラ」を使って説明したいと思います。

　図1-7のようなカステラを想像してください。

図1-7　カステラのイメージ

　このカステラ、価額は2,000円で、長期保存が可能なものだと考えてください。長期保存が可能なので賞味期限は4年です。

　減価償却の考え方に置き換えると、

```
取得価額　⇨　2,000円
耐用年数（賞味期限）⇨　4年
減価償却限度額（1年あたりに食べる金額）⇨ 2,000円÷4＝500円
```

となります。

図1-8　1年で500円分ずつ必ず食べる

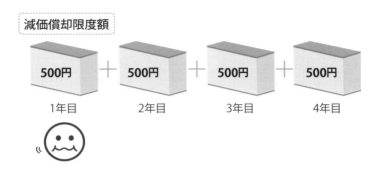

減価償却限度額

| 500円 | 500円 | 500円 | 500円 |
| 1年目 | 2年目 | 3年目 | 4年目 |

　個人の場合は、毎年毎年500円分ずつ、カステラを絶対に食べなければいけません。お腹がいっぱいでも強制的に食べさせられます。

　ですから、4年経過すると何もなくなってしまいます。

　一方で法人の場合は、**毎年毎年食べてもよいし、まったく食べなくてもよい**ということになります。

　もし、**ずっと食べなかったとすると、4年経過してもカステラがそのまま残っている**ことになります。

　もう少し詳しく見ていきましょう。40ページの図1-9を見てください。

　ケース❶では、1年目のカステラ500円分を食べなかったとします。そうすると、そのカステラは5年目のところに移動するイメージです。

図1-9 カステラを食べなかった場合

ケース❶

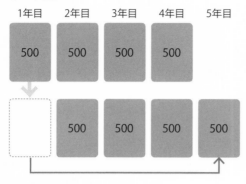

ケース❷

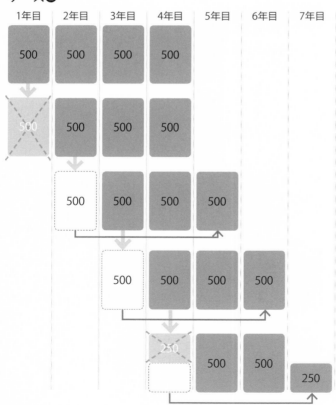

　ケース❷では、1年目のカステラ500円分は全部食べてなくなっています。2年目のカステラ500円分は一切食べなかったので、5年目のところに移動します。3年目のカステラ500円分も一切食べなかったので、6年目のところに移動します。4年目は、半分の250円分だけカステラを食べたので、残りの250円分だけ7年目に移動します。

　こんなふうに、その年に食べなかったカステラはどんどん後ろに移動し残っていくのです。

　実は、任意償却の考え方でもっとも誤解しやすい点がここにあります。

　1年目で食べなかったカステラは、移動するのではなく、消えてなくなってしまうと考えられていることが多いのです。

　また、賞味期限（耐用年数）ですべてを食べきらないとダメで、そうしないとなくなってしまうと誤解している方も見受けられます。

　あくまでも、賞味期限は1年あたりに食べる金額を算定するための年数であって、その期限内にすべて食べなければならないということではないのです。

　耐用年数は、減価償却限度額を算定するための年数であって、耐用年数内にすべての減価償却費を計上しなければならないわけではないということが、もっとも理解してもらいたいポイントになります。

1-4

不動産投資家として、
どのように減価償却を考えるべきか?

不動産投資家として毎期の減価償却費の計上について、きちんと検討できているでしょうか。特に考えることなく、減価償却限度額の金額をそのまま計上していては危険です。

☑ 今まで、どのような根拠で計上額を決めていたか振り返る。
☑ 毎年の計上額について、どの程度将来を見据える必要があるのか理解する。

法人で1億円の建物を購入

　任意償却がどのような意味であるか理解してもらえたと思いますので、ここでは収益物件を例に考えてみたいと思います。

・建物のみを1億円で法人が購入
・耐用年数は20年（定額法の償却率＝0.05）

　減価償却限度額は、 1億円×0.05＝500万円 ですね。つまり、20年間にわたって、毎期500万円を限度に計上し続けることができるわけです。

　そして、毎期の減価償却費の計上額は、0円〜500万円までの範囲で自由に決めることができます。

不動産投資家がどう判断するか

　では、読者の皆さんに、ここで1つ考えてもらおうと思います。

　ある法人で決算が到来し、減価償却費を計上する前の段階で次のような税引前の利益だったとします。

家賃収入	1,000万円
固定資産税	△100万円
広告宣伝費	△100万円
水道光熱費	△100万円
管理諸費	△100万円
修繕費	△200万円
支払利息	△100万円
減価償却費	300万円
計上前の利益	

　そして、今期の減価償却限度額が500万円だったとします。

　皆さんなら今期の減価償却費をいくら計上しますか？　ここで少し検討してみてください。

　計上額を検討するにあたり、その判断は十人十色だと思いますが、典型的な例は次のとおりです。

例❶ 減価償却費を500万円計上し、当期はマイナス200万円の赤字決算にする

　この判断をする場合は、翌期にマイナス200万円の欠損金を繰り越せるから、と考えることが多いです。

例❷ 減価償却費を300万円計上し、当期の利益はゼロにして法人税が発生しないようにする

　この判断をする場合は、500万円の減価償却限度額のうち300万円しか計上しなかったので、残った200万円はあとで使えるからよい、と考えることが多いです。

例❸ 減価償却費を200万円計上し、当期の利益を100万円にして、法人税は発生するが黒字決算で終わりたい

この判断をする場合は、黒字決算にして今後に備えたい、と考えることが多いです。

果たして、これらのような判断で本当に正しいのでしょうか。

その考え方は危ない！

私は、不動産投資家として先ほどの例のように判断することは少し問題があるのではないかと考えています。

今期計上する減価償却費を、単純に減価償却限度額のみと比較するのは大変危険です。

今回の例でいえば、

減価償却費	＜	減価償却限度額
300万円	＜	500万円

というように、限度額のなかに収まっているから大丈夫で、200万円も計上しなかった償却額があるというふうに考えることです。

なぜこの考え方が危険なのでしょうか。

それは、**減価償却限度額というのは永遠に一定ではない**からです。

減価償却限度額が永遠に500万円であれば、その比較でも問題ないと思いますが、**減価償却限度額はだんだん下がっていき、いつかはゼロになる日がくる**のです。

減価償却限度額が下がる年からは、計上できる金額が少なくなるため利益が出やすくなります。利益が出やすくなれば法人税も増加するでしょう。そうなれば税引後のキャッシュフローが少なくなる可能性が非

常に高くなります。

　つまり、**減価償却費の計上額を単年度で決めるのではなく、少なくとも5年〜10年後を見据えながら決めていくべき**ということです。

　第2章では、単年度ではなく、少なくとも5年〜10年後を見据えた計上方法の数々を紹介していきます。

不動産取得税の落とし穴

　先日のことです。ある建売業者から不動産取得税について質問を受けました。その建売業者は、収益物件を建てるための土地を自社で仕入れ、建物を建て、新築として売り出しています。

　当初、売り出し時には買い手が付かず誰も住んでいない状況でしたが、このままでは機会損失になってしまうと、買い手が付くまで入居者を募集し、物件に入居させることで家賃収入を得ることにしました。このとき、入居者と賃貸借契約を締結したのは建売業者です。

　こうして、1部屋のみ入居が決まったあたりで購入希望者が現れ、無事買主に売ることができました。

　さて、この建物の登記簿謄本を確認したところ、所有権保存登記としては買主の氏名しか記載されていませんでした。数カ月後、県税事務所から建売業者に不動産取得税の納付書が届きます。時を同じくして、買主にも不動産取得税の納付書が届きました。

　建売業者は、不動産の所有権を取得して建物の謄本に記載されている買主が不動産の取得者なので、買主のみに不動産取得税の納付書が送られてくるべきなのに、自分たちにも同じ金額の納付書が届くのは二重課税なのでは、と問い合わせてきました。

　地方税の考え方として、「不動産の取得者とは？」「家屋が新築された場合の不動産取得税の納税義務者とは？」の2点を調べてみました。

　不動産の取得者とは、不動産の所有権を取得した者をいう。なお、不動産の取得者とは、実質上の取得者をいい、名義書換えをしてもそこに実体上取得がない限り、名義上の取得者は不動産の取得者にはならない。したがって、取得した名義人と実質上の取得者が異なる場合には、後者が取得者になる。

（地方税法73の2）

　家屋が新築された場合には、その家屋が最初に使用された日にその家屋の原始取得があったものとみなし、その家屋の所有者を取得者とみなして、取得税を課税する。また、その家屋が使用されずに、他人に譲渡された場合には、その譲渡された日にその家屋の原始取得があったものとみなし、その家屋の譲受人を取得者とみなして、不動産取得税を課税する。

（地方税法73の2②）

　上記より、今回は二重課税にはならないことがわかりました。所有権保存登記以前に入居しており、賃貸借契約も入居者と締結されているため、新築された家屋を最初に使用した日にその家屋の取得があったものとみなされ、建売業者に納税義務が発生することになったのです。

第**2**章

基本編
減価償却費を使いこなす5つの方法

2-1

減価償却費をコントロールする5つの方法

私が考える、減価償却をコントロールする定番の方法を挙げます。これらは実際に実務でも使っていますので、すぐにでも実践してもらえる方法です。

☑ **5種類のラインナップを把握する。**
☑ **中古物件の耐用年数の計算を理解する。**

実務で使える5つの方法

　減価償却費をコントロールする方法はいろいろありますが、ここでは私が実務でよく使う方法を5つ紹介したいと思います。

❶ 減価償却限度額を最大限に使う方法
❷ 借入の返済期間と同じ年数で償却していく方法
❸ 建物附属設備も建物と同じ耐用年数と考えて使う方法
❹ キャッシュフローを安定させられる方法
❺ 売却を見据えて使う方法

　以上の5種類をこのあと1つずつ説明していきます。その際に1つの収益物件を例として使います（図2-1）。
　この中古の収益物件を不動産投資家が購入したというふうに考えてください。

図2-1　購入した収益物件の概要

購入者	法人
購入価額	5,000万円（土地2,000万円、建物3,000万円）
物件構造	木造（居住用）
築年数	築25年
借入金額	5,000万円
借入期間	10年
借入金利	2%
返済方法	元利均等返済

中古物件の耐用年数の計算

　新築木造の法定耐用年数は22年になりますが（32ページ）、中古物件の場合は耐用年数が何年になるのかは別の理解が必要になります。

　今からお伝えする方法は「**簡便法**」といいます。覚えておいてください。

❶ 法定耐用年数の一部を経過した資産
　その法定耐用年数から経過した年数を差し引いた年数に、経過年数の20％に相当する年数を加えた年数

❷ 法定耐用年数の全部を経過した資産
　その法定耐用年数の20％に相当する年数

　❶と❷どちらの場合も、計算により算出した年数に1年未満の端数があるときは、その端数を切り捨て、その年数が2年に満たない場合には「2年」とします。

❶の計算例

　法定耐用年数が30年で、経過年数が10年の中古資産の耐用年数は次のようになります。

---

1. 法定耐用年数から経過した年数を差し引いた年数
　　30年 − 10年 ＝ 20年
2. 経過年数10年の20％に相当する年数
　　10年 × 20％ ＝ 2年
3. 耐用年数
　　20年 ＋ 2年 ＝ 22年

---

❷の計算例

　法定耐用年数が22年で、経過年数が25年の中古資産の耐用年数は次のようになります。

法定耐用年数の20％に相当する年数
22年 × 20％ ＝ 4年

　つまり、例に挙げた49ページの収益物件の耐用年数は、❷の計算例と同様に「4年」となるわけです。耐用年数4年の定額法の償却率は「0.25」になります（26ページ）。

　最後に、1年あたりに償却できる減価償却限度額を把握しておいてください。

建物価額	×	償却率	＝	減価償却限度額
3,000万円	×	0.25	＝	750万円

2-2

減価償却限度額を最大限に使う方法

特に考えることなく、この方法を使っている方が多いかもしれません。減価償却限度額の金額を毎年計上していくと、どのようなメリット・デメリットがあるのかを理解しましょう。

☑ 減価償却限度額を最大限に使った場合のメリットと注意点を理解する。
☑ この方法での利益の出方とキャッシュフローの残り方を理解する。

この方法はこんな方にお勧め

「減価償却限度額を最大限に使う方法」は、 建物価額 × 償却率 で求められる減価償却限度額を全部計上する方法です。

　減価償却限度額を全部計上すると、利益が出にくくなります。利益が出にくくなるということは、税金（法人税）の支払いも少なくなるわけです。

　法人税の支払いが少なくなれば手残りが多くなります。そうすると、**キャッシュが手元にたくさん残りやすくなるので、次に購入したい収益物件の頭金などとして利用する**ことができます。

　つまり、この方法は**次の投資を検討している場合や、毎年1棟ずつのように短期間で一気に物件を増やしたい場合**にとてもお勧めです。

不等号が逆転するまでに手を打てるかが勝負

　この方法を使う場合の注意点は、減価償却限度額は永遠に続くわけではないので、**減価償却費を1円も計上できない時期が必ずくる**ということです。

　1円も減価償却費を計上できないということは利益が出やすくなるこ

とで、利益が出やすいということは、税金（法人税）が多く発生することになります。法人税が多く発生すると、手残りは当然少なくなります。

　ローンの元本返済も絡めて考えると、次のような式に表すことができます。

減価償却費　＞　元本返済　⇨　利益：少　CF：多

　このような不等号の状態は、利益が少なく税金の支払いが少なくなり、一方でキャッシュフローが多くなるため不動産投資家にとってはハッピーな状況といえます。
　しかし、この状況がずっと継続するわけではなく、いずれ逆転して次のような状況になります。

減価償却費　＜　元本返済　⇨　利益：多　CF：少

　このような不等号の状態は、利益が多く税金の支払いが多くなり、キャッシュフローが少なくなるため不動産投資家にとっては苦しい状況といえます。
　これが「**デッドクロス**」と呼ばれるものです。

　つまり、この方法を使う場合には、 減価償却費 ＜ 元本返済 の状態になったときにどのような節税対策をするかを考えておかなければならないということです。何年後から 減価償却費 ＜ 元本返済 の状態になるのか、その状態になったとき少しでも回避できる方法や節税対策は何

なのかを、 減価償却費 ＞ 元本返済 のハッピーな状況のうちから少し
ずつ考えておく必要があります。

　個人で収益物件を所有した場合は、この方法が原則になります。です
から、法人だけでなく個人の不動産投資家に対しても、この点は同じこ
とがいえるわけです。

　 減価償却費 ＜ 元本返済 の状態になるまでに猶予期間があるわけです
から、ぜひこのことを念頭に置いて減価償却限度額を最大限に使ってほ
しいと思います。**減価償却費を１円も計上できない時期がきたときに、
しっかりとした節税対策があるのであれば、この方法を選ぶのはよい選
択**です。

利益の出方とCFの残り方を理解する

　図2-2を見てください。図の見方を説明します。

図2-2　物件保有中の利益の出方

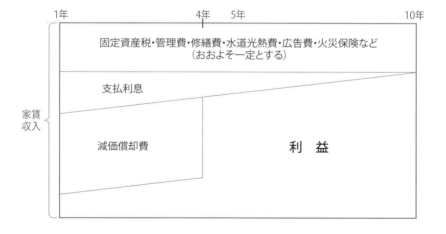

横方向は年数です。1年のところで、49ページで例として挙げた中古物件を購入し、年数が経過していき、借入期間の10年まで保有していることを表します。

　家賃収入がこの図の全体で、そこから固定資産税などの経費を差し引きます。実際は修繕費や広告費などは、毎年一定ではないことが多いですが、ここではわかりやすくするために経費については一定にしています。

　次に、支払利息です。今回の例は元利均等返済ですので、毎月の返済額が同じになります。返済額の内訳は、初期は利息の割合が多く、元本が少ないですが、返済が進むにつれて、利息が少なく、元本の割合が多くなります。

　このような理屈から、図2-2の支払利息は右肩下がりに年々減っています。

　次に減価償却費ですが、減価償却限度額を最大限に使うわけですから、 建物価額（3,000万円）× 償却率（0.25）＝ 減価償却限度額（750万円） を毎年計上していきます。しかし、4年間しかこの計上を続けることはできませんので、5年のところからは減価償却費がありません。

　これらの経費を除いた部分が法人の利益になります。図2-2を見てもらうと、**4年までの部分は減価償却費を最大限に計上しているため利益の面積がわずかですが、5年のところから減価償却費を計上できないため、ものすごく利益の面積が大きくなっている**ことがわかります。

　これに連動しているのが図2-3です。

　横方向に年数を入れているところは図2-2と同じですが、図2-3は図2-2と違って、利益ではなくキャッシュフローを表しています。

　図の全体を家賃収入として考えると、そこから固定資産税などがキャッシュアウトします。次に、元本と利息が出ていきます。元利均等返済ですので、 支払う利息 ＋ 元本 の合計額は毎期一定となります。

利益の計算の場合は減価償却費が関係しましたが、キャッシュフローの観点から見ると、減価償却費はキャッシュアウトしないため図2-3には記載がありません。

図2-3　物件保有中のキャッシュフローの残り方

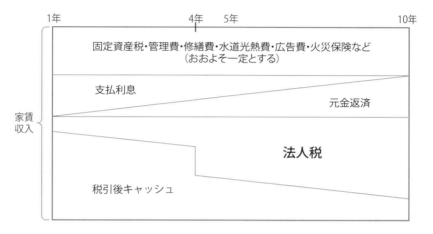

　また、**利益の計算の場合、元本返済自体は経費にならないので図2-2には元金返済の記載がありません。一方で、元本を返済することでキャッシュアウトするため図2-3には記載があります。** この点にも注意してください。

　次に法人税ですが、4年のところまでは減価償却費を全額計上しているため、ほとんど利益が出ていませんでした。よって4年までの法人税は少なくなっています。しかし、5年から減価償却費を一切計上できなくなると、利益も大きくなるので、それに連動して法人税が急に増えています。

　これらをすべて除いた部分が税引後のキャッシュフローとなるわけですが、4年までの手残りはわりと多くなる一方で、5年以降は税金の支払いがキャッシュフローを圧迫していることがわかります。

2-3
借入の返済期間と同じ年数で
償却していく方法

借入の返済期間と同じ年数で減価償却していくことのメリットを理解しましょう。借入をして収益物件を購入する場合に限られますが、新築・中古問わず使える考え方になります。

☑ 減価償却限度額を最大限に使った場合と比較して理解を深める。
☑ この方法での利益の出方とキャッシュフローの残り方を理解する。

借入期間と同じ年数で償却するとは？

　この方法は、**建物価額÷借入期間 で求められる金額を減価償却費として毎年計上**します。「**減価償却限度額を最大限に使う方法**」で理解してもらったとおり、本来であれば 建物価額÷耐用年数 として、 3,000万円 ÷ 4年 ＝750万円 を4年間にわたり計上することができますが、それをあえて 建物価額 ÷ 借入期間 として、 3,000万円 ÷ 10年 ＝300万円 ずつ10年間にわたって減価償却費を計上するということです。

　「**減価償却限度額を最大限に使う方法**」は5年目からは減価償却費を1円も計上できませんでしたが、この方法を使えば、**借り入れている期間である10年間はずっと減価償却費を計上し続けられる**ことになります。

　なぜ、借入期間の10年間、毎年減価償却費を計上していると思いますか？

　それは、借入期間中は、借金完済後に比べてキャッシュフローが残りにくいからです。返済中は税引前のキャッシュフローが残りにくい上に、税金の支払いが多いと税引後の手残りはかなり少なくなってしまいます。そこで、借入期間中は減価償却費という経費を計上することで急激な利益の増加とそれにともなう法人税の支払いを抑え、税引後キャッシュフローの安定化を目指しています。

借金完済後は返済にお金を回さなくてよいため、多少大きな利益が出たとしても税金が支払えるという考え方になります。

<table>
<tr><td>この方法はこんな方にお勧め</td></tr>
</table>

法定耐用年数　　＜　　借入期間

or

中古の耐用年数　＜　　借入期間

上記のような状況で物件を購入した場合は、今回の「**借入の返済期間と同じ年数で償却していく方法**」をお勧めします。

耐用年数　＜　借入期間　の状況になりやすいのは、49ページの例のように法定耐用年数を全部経過しているような築古物件ですが、それ以外にも次のようなケースがあります。

図2-4　ケース❶

購入価額	1億円（土地4,000万円、建物6,000万円）
物件構造	鉄筋コンクリート（居住用）
築年数	築25年
借入金額	1億円
借入期間	30年
鉄筋コンクリートの法定耐用年数	47年

法定耐用年数が47年で、経過年数が25年の中古資産の耐用年数を求めます。

1. 法定耐用年数から経過した年数を差し引いた年数
   47年 − 25年 ＝ 22年
2. 経過年数25年の20％に相当する年数
   25年 × 20％ ＝ 5年
3. 耐用年数
   22年 ＋ 5年 ＝ 27年

　ケース❶の場合、中古の 耐用年数 ＜ 借入期間 が 27年 ＜ 30年 になるため、建物価額 ÷ 借入期間 の 6,000万円 ÷ 30年 ＝ 200万円 を毎年減価償却費として計上していくことになります。

図2-5　ケース❷

購入価額	5,000万円（土地2,000万円、建物3,000万円）
物件構造	木造（居住用）
築年数	新築
借入金額	5,000万円
借入期間	30年
木造の法定耐用年数	22年

　ケース❷の場合、耐用年数 ＜ 借入期間 が 22年 ＜ 30年 になるため、建物価額÷借入期間 の 3,000万円 ÷ 30年 ＝100万円 を毎年減価償却費として計上していくことになります。

利益の出方とCFの残り方を理解する

　図2-6を見てください。
　家賃収入が図の全体で、そこから固定資産税などの経費を差し引きます。修繕費や広告費などは毎年一定ではないことが多いですが、ここで

はわかりやすくするために一定にしています。

図2-6 物件保有中の利益の出方

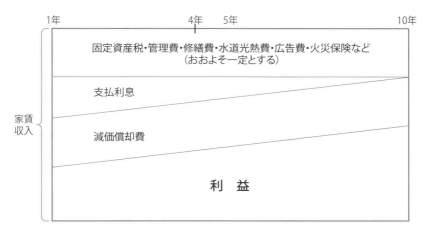

次に、支払利息です。49ページの例は元利均等返済なので毎月の返済額が同じになります。返済額の内訳は、初期は利息の割合が多く元本が少ないですが、返済が進むにつれて、利息が少なく元本の割合が多くなります。図2-6の支払利息も右肩下がりに年々減っています。

減価償却費は、借入の返済期間と同じ年数で償却していくわけですから、建物価額（3,000万円）÷ 借入年数（10年）＝ 300万円 を毎年計上していきます。「**減価償却限度額を最大限に使う方法**」と比べると、減価償却費が途切れることなく、10年間は毎期一定額を計上できています。

これらの経費を除いた部分が法人の利益になります。「**減価償却限度額を最大限に使う方法**」の図2-2（53ページ）と比べると急激に利益の面積が大きくなることがなくなりました。

ただ、**減価償却費を10年間一定にしたとしても、利息の支払いが右肩下がりになっていくのと連動して利益が右肩上がりになっていく点には注意**が必要です。

これに連動しているのが図2-7です。

図の全体を家賃収入として考えると、そこから固定資産税などがキャッシュアウトします。次に元本と利息が出ていきます。元利均等返済ですので、 支払う利息 ＋ 元本 の合計額は毎期一定となります。

利益の計算の場合は減価償却費が関係しましたが、キャッシュフローの観点から見ると、減価償却費はキャッシュアウトしないため図2-7には記載がありません。

法人税については、10年間まんべんなく減価償却費を計上したことで急激な利益の増加がなくなったため、急激な法人税の増加もなくなりました。

これらをすべて除いた部分が税引後のキャッシュフローになりますが、**「減価償却限度額を最大限に使う方法」**に比べ、急激な法人税の増加がないので、キャッシュフローが比較的安定的になったことがわかります。ただし、**支払利息の減少により利益が右肩上がりになるため、減価償却費を10年間一定に計上したとしても法人税の支払いも右肩上がりになり、それに連動して少しずつキャッシュフローが減っている**点に注意が必要です。

図2-7　物件保有中のキャッシュフローの残り方

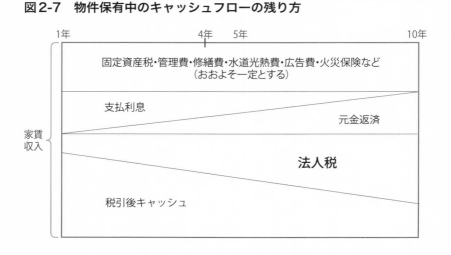

建物附属設備も
建物と同じ耐用年数と考えて使う方法

収益物件として土地と建物を一括で購入したときに、土地と建物勘定のみの分離だけでなく、建物の一部を建物附属設備という勘定にも分けているでしょうか。建物附属設備を建物と同じ年数で減価償却していくことのメリットを理解しましょう。

☑ 「借入の返済期間と同じ年数で償却していく方法」と比較して理解を深める。
☑ 建物の一部を建物附属設備とすることで得られるメリットを理解する。

設備も建物と同じ年数で償却していくとは？

　この方法を説明しやすくするために、当初示した収益物件の概要について条件を2つ変えます。

図2-8　当初の条件

購入者	法人
購入価額	5,000万円（土地2,000万円、建物3,000万円）
物件構造	木造（居住用）
築年数	築25年
借入金額	5,000万円
借入期間	10年
借入金利	2%
返済方法	元利均等返済

　変更点は次のとおりです。

・築年数を築15年とする
・建物3,000万円のうち80%相当である2,400万円を建物として資産計上し、20%相当である600万円を建物附属設備として資産計上する

建物の耐用年数

　法定耐用年数が22年で、経過年数が15年の中古資産の耐用年数を求めます。

---

　1. 法定耐用年数から経過した年数を差し引いた年数
　　　22年 − 15年 ＝ 7年
　2. 経過年数15年の20%に相当する年数
　　　15年 × 20% ＝ 3年
　3. 耐用年数
　　　7年 ＋ 3年 ＝ 10年

建物附属設備の耐用年数

　建物附属設備は、「電気設備と給排水設備」として認識し、新築の場合、法定耐用年数は15年となります（32ページ）。

　法定耐用年数が15年で、経過年数が15年の中古資産の耐用年数を求めます。

　法定耐用年数の20%に相当する年数
　15年 × 20% ＝ 3年

　変更点として挙げたとおり、建物価額全額を「建物」として資産計上するのではなく、「建物附属設備」「構築物」「器具備品」などのように細分化して資産計上していくことがよくあります。特に新築の場合は、購入時に工事内容の明細をもらえることが多いため、それに基づいて分けて資産計上します。しかし、**中古物件の場合は設備などがどのくらいの割合であるかわからないため、合理的な割合として20%を建物附属設備として計上することがあります。**

　建物附属設備を認識することによって一番変化するところは、**当初の減価償却限度額の金額**です。これは、建物附属設備の耐用年数が建物の

耐用年数に比べて短いことが原因です。

　たとえば、3,000万円をすべて「建物」として認識した場合、1年目の減価償却限度額は $3,000万円 \div 10年 = 300万円$ となります。

図2-9　建物のみの場合と建物附属設備がある場合

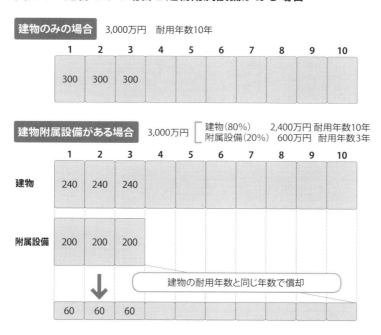

　一方、3,000万円のうち80%相当である2,400万円を「建物」として認識し、20%相当である600万円を「建物附属設備」として認識した場合、1年目の減価償却限度額は、

---

❶ 建物　⇨　$2,400万円 \div 10年 = 240万円$

❷ 建物附属設備　⇨　$600万円 \div 3年 = 200万円$

❸ ❶ ＋ ❷ ＝ 440万円

となります。

　すべてを建物として認識した場合と比べて、1年目の減価償却限度額は $\boxed{440万円 － 300万円 ＝ 140万円}$ もアップするわけです。

　この状況が1年目〜3年目まで続くことになります。

　しかし、建物附属設備の減価償却が3年で終了してしまうので、4年目からは建物のみとなり240万円が減価償却限度額になります。

　1年目〜3年目までは減価償却限度額が大きいので利益は出にくくなりますが、4年目以降は急激に利益が出て法人税が多く発生し、キャッシュフローを圧迫するかもしれません。

　このように、建物附属設備の減価償却費を毎年200万円ずつ計上してしまうと4年目から計上できなくなるため、あえて建物附属設備も建物の耐用年数に合わせます。

$$\boxed{600万円 ÷ 10年 ＝ 60万円}$$

と、10年にわたって計上するということです。

　そうすると、毎年の計上額は、

❶ 建物　⇨　2,400万円 ÷ 10年 ＝ 240万円 ❷ 建物附属設備　⇨　600万円 ÷ 10年 ＝ 60万円 ❸ ❶ ＋ ❷ ＝ 300万円

となります。

　つまり、**会計上は「建物附属設備」として認識したものの、すべて「建物」のみとして計上した場合と同じ減価償却費になる**わけです。

　ということは、10年間にわたって減価償却費を300万円計上することになるため、利益の出方とキャッシュフローの残り方は、**「借入の返済期間と同じ年数で償却していく方法」**と同じになります。

「建物附属設備」などを会計上認識する理由

最終的に建物附属設備を会計上認識したとしても、減価償却費として計上額をコントロール（調整）するのであれば、わざわざ設備を認識する必要はないのでは？　と思った方もいるかもしれません。

私が所属する税理士法人の場合は、中古でも新築でも「建物附属設備」「構築物」「器具備品」に分けることが多いです。なぜかというと、**減価償却限度額の大きな枠を確保しておく**ためです。

すべてを「建物」のみとして認識すれば、減価償却限度額の枠は300万円ですが、「建物附属設備」を認識しておくだけで、減価償却限度額の枠は440万円になります。

不動産投資は利益やキャッシュフローが非常に予測しやすい事業といえますが、そうはいっても1年後・5年後・10年後、いったいいつ何が起こるかは誰にもわかりません。

ある年だけ急に利益が出ることもあるでしょうし、ある年だけ急に大赤字になることもあります。安定した事業年度であれば、建物附属設備は $600万円 ÷ 10年 = 60万円$ を計上すればよいと思いますし、もし予想もできない利益が急に出てしまったら、$600万円 ÷ 3年 = 200万円$ を全額計上するのもよいと思います。

もっと踏み込んでいえば、たとえば新型コロナウイルスにより不動産投資が赤字になってしまった場合は、減価償却費の計上をゼロにしてもいいと思います。逆に、収益物件にかかる損害保険金がたくさん入ってきたけれど、ほとんど修繕費に使わなかったというような場合には利益が大きくなりがちなので、そんなときは減価償却限度額を最大限に使っていけばよいということです。

こういった臨機応変な対処ができるよう、減価償却限度額の大きな枠を確保するために設備などを認識しておくべきだと考えています。

車両や機械装置にも応用できる

　収益物件を保有している法人が、建物や建物附属設備だけではなく、車両運搬具や機械装置といった資産を保有している場合があります。

　車両運搬具は、社用車や自主管理用のトラックなどをよく帳簿で見かけます。機械装置は太陽光発電装置です。**この車両や機械装置は、法人税法上、原則「定率法」で計算する**ことになっています。

　30ページで説明したとおり、定率法は、最初に減価償却限度額が多く、だんだん少なくなるというものでした。

　そのため、会計上は定率法を選択しているのですが、あえて定額法を使って求められる償却費を計上することで、償却費の計上額を毎期一定にします。

　たとえば、3,000万円の太陽光発電装置があったとします。耐用年数は10年（償却率0.2）とします。

　図2-10を見てください。定率法で原則どおり計算すると、次の金額が毎年の減価償却限度額になります。

1年目　⇨　3,000万円 × 0.2 ＝ 600万円
2年目　⇨　（3,000万円 － 600万円）× 0.2 ＝ 480万円
3年目　⇨　（3,000万円 － 600万円 － 480万円）× 0.2 ＝
　　　　　　　　　　　　　　　　　　　　　　　　　384万円

　上記で計算した減価償却限度額を毎年全額計上した場合、最初のうちは利益が出にくいですが、だんだんと減価償却限度額が少なくなるにつれて利益が大きくなる可能性が高まります。そのため、1年あたりの計上額を平均化できるように、定額法の考え方を用い、3,000万円 ÷ 10年 ＝ 300万円を毎年計上していくという考え方になります。

図2-10　定率法の場合

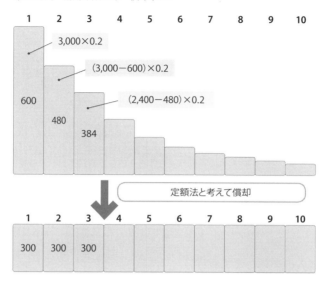

3,000万円　耐用年数10年　償却率0.2

| 1 | 2 | 3 | 4 | 5 | 6 | 7 | 8 | 9 | 10 |

3,000×0.2

（3,000−600）×0.2

（2,400−480）×0.2

600

480

384

定額法と考えて償却

| 1 | 2 | 3 | 4 | 5 | 6 | 7 | 8 | 9 | 10 |

300　300　300

この方法はこんな方にお勧め

「減価償却限度額を最大限に使う方法」と比較すると、この「**建物附属設備も建物と同じ耐用年数と考えて使う方法**」は、**ある程度、法人の利益を平準化**させることができます。

「減価償却限度額を最大限に使う方法」は、最初利益が少なく後半は急に多くなりましたが、「**建物附属設備も建物と同じ耐用年数と考えて使う方法**」は、急激な利益が発生することは防げます。しかし、借入金の利息の支払いが年々減少することにより、利益が少しずつ増加するので、完全な利益の平準化とまではいかない点に注意してください。これは、「**借入の返済期間と同じ年数で償却していく方法**」についても同じこと

がいえます。

　つまり、「**借入の返済期間と同じ年数で償却していく方法**」と、「**建物附属設備も建物と同じ耐用年数と考えて使う方法**」は、ある程度、法人の利益を平準化させたい方にお勧めの方法なのです。

なぜ利益を平準化させたほうがよいのか

　法人の利益を平準化すると何かよいことがあるのでしょうか。

　結論からいうと、それは皆さんが大好きな「**節税**」につながります。**減価償却費の計上額をコントロール（調整）していくだけで、法人税の節税になる**のです。

　このことを理解してもらうためには、まず法人の実効税率を理解してもらわないといけません。図2-11を見てください。

図2-11　法人の利益ごとの税率

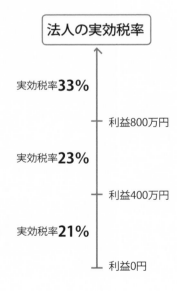

図2-11は、法人の利益の金額によっておおよそ何%の税率がかかるかを示した図です。

税率は、所得金額（利益）により3段階に分かれます。

所得金額 400万円以下	⇨ 所得金額 × 21% ＝ 法人税等
所得金額 400万円超〜800万円以下	⇨ 所得金額 × 23% ＝ 法人税等
所得金額 800万円超	⇨ 所得金額 × 33% ＝ 法人税等

※法人税等とは、法人税、住民税、事業税のことをいいます。

たとえば、所得金額400万円の場合は、400万円 × 21% ＝ 84万円 が法人税等として発生するイメージです。

所得金額1,000万円の場合は、1,000万円 × 33% ＝ 330万円 が法人税等として発生することになります。

ここで注目すべき点があります。それは、800万円超の所得になる場合、800万円以下の所得に比べて急に税率が10%もアップしていることです。考え方としては、**この税率差が節税につながっていく**のです。

たとえば、「**減価償却限度額を最大限に使う方法**」の場合、最初の4年間は減価償却費を最大限に計上したことにより利益が少なかったので、実効税率21%のあたりで法人税を納めればよかったかもしれません。しかし、5年目〜10年目までは減価償却費を1円も計上できないので利益が多く発生し、実効税率33%のあたりで法人税を納めなければならないかもしれません。

一方、「**借入の返済期間と同じ年数で償却していく方法**」や、「**建物附属設備も建物と同じ耐用年数と考えて使う方法**」を使うことで、ある程度利益を平準化させた場合は、急に利益が多くなることがないので、1年目〜10年目までは、実効税率23%のあたりで法人税を納めることにな

るかもしれません。

10年間のトータルで支払う法人税等を比べたとき、「**減価償却限度額を最大限に使う方法**」に比べて、「**借入の返済期間と同じ年数で償却していく方法**」や「**建物附属設備も建物と同じ耐用年数と考えて使う方法**」を使ったほうが法人税等の支払いが少なくなる可能性があるということです。

私が所属する税理士法人のお客様のなかには、所得金額が800万円以下の場合は税率が23%であることを活かし、毎年所得金額が800万円になるように減価償却費を調整している方がいらっしゃいます。単年度ではなく、ずっと先を見据えて経営しているのだと実感します。

では、ここで「**減価償却限度額を最大限に使う方法**」と「**借入の返済期間と同じ年数で償却していく方法**」の使い方の違いで、10年間のトータルの法人税等の支払いがどれくらい変わるかを計算してみます。

計算にあたり次の条件を設定します。

図2-12　物件概要

購入者	新規法人
購入価額	1億5000万円（土地9,000万円、建物6,000万円）
物件構造	重量鉄骨（居住用）
築年数	築35年
中古の耐用年数	法定耐用年数34年×20%＝6年
借入金額	1億5000万円
借入期間	10年
借入金利	1%（10年固定金利）
返済方法	元利均等返済
家賃年収	1,600万円（表面利回り10.6%） ※家賃下落、空室なしで一定とする。
固定資産税などの経費	家賃年収の25%（一定とする）

税引前利益の金額によって、次の税率を適用させるものとします。

所得金額 400万円以下	⇨	所得金額×21% = 法人税等
所得金額 400万円超～800万円以下	⇨	所得金額×23% = 法人税等
所得金額 800万円超	⇨	所得金額×33% = 法人税等

図2-13　10年間のトータルの法人税等の支払い

❶ 減価償却限度額を最大限に使う方法
【利益】

	1年目	2年目	3年目	4年目	5年目	6年目	7年目	8年目	9年目	10年目	合計
売上	16,000,000	16,000,000	16,000,000	16,000,000	16,000,000	16,000,000	16,000,000	16,000,000	16,000,000	16,000,000	160,000,000
固定資産税など	4,000,000	4,000,000	4,000,000	4,000,000	4,000,000	4,000,000	4,000,000	4,000,000	4,000,000	4,000,000	40,000,000
支払利息	1,434,420	1,290,418	1,144,969	998,059	849,673	699,797	548,415	395,512	241,073	85,083	7,687,418
減価償却費	10,000,000	10,000,000	10,000,000	10,000,000	10,000,000	10,000,000	0	0	0	0	60,000,000
税引前利益	565,580	709,582	855,031	1,001,941	1,150,327	1,300,203	11,451,585	11,604,488	11,758,927	11,914,917	52,312,582
法人税等	118,772	149,012	179,557	210,408	241,569	273,043	3,779,023	3,829,481	3,880,446	3,931,923	16,593,232
税引後利益	446,809	560,570	675,475	791,533	908,758	1,027,160	7,672,562	7,775,007	7,878,481	7,982,994	35,719,349

❷ 借入の返済期間と同じ年数で償却していく方法
【利益】

	1年目	2年目	3年目	4年目	5年目	6年目	7年目	8年目	9年目	10年目	合計
売上	16,000,000	16,000,000	16,000,000	16,000,000	16,000,000	16,000,000	16,000,000	16,000,000	16,000,000	16,000,000	160,000,000
固定資産税など	4,000,000	4,000,000	4,000,000	4,000,000	4,000,000	4,000,000	4,000,000	4,000,000	4,000,000	4,000,000	40,000,000
支払利息	1,434,420	1,290,418	1,144,969	998,059	849,673	699,797	548,415	395,512	241,073	85,083	7,687,418
減価償却費	6,000,000	6,000,000	6,000,000	6,000,000	6,000,000	6,000,000	6,000,000	6,000,000	6,000,000	6,000,000	60,000,000
税引前利益	4,565,580	4,709,582	4,855,031	5,001,941	5,150,327	5,300,203	5,451,585	5,604,488	5,758,927	5,914,917	52,312,582
法人税等	1,050,083	1,083,204	1,116,657	1,150,446	1,184,575	1,219,047	1,253,865	1,289,032	1,324,553	1,360,431	12,031,894
税引後利益	3,515,497	3,626,378	3,738,374	3,851,495	3,965,752	4,081,156	4,197,721	4,315,456	4,434,374	4,554,486	40,280,688

図2-13の見方を簡単に説明します。

❶も❷も、売上から固定資産税などと支払利息と減価償却費を引いて、税引前利益を計算しています。その税引前利益の金額に対して、対応する税率を掛けて法人税等を求めています。

税引前利益から法人税等を引いて、税引後利益が計算されます。

一番右の「合計」列のうち、「法人税等」の金額を見てください。これが、10年間トータルで支払うことになる法人税等の合計になります。

> 「減価償却限度額を最大限に使う方法」のトータルの法人税等
>   ＝ 1,659万3232円
> 「借入の返済期間と同じ年数で償却していく方法」のトータルの法人税等
>   ＝ 1,203万1894円
> その差＝ 456万1338円

「**減価償却限度額を最大限に使う方法**」を使った場合、6年目までの納税は非常に少なくて済みますが、7年目から急に法人税が10倍以上に増えて苦しくなります。

一方、「**借入の返済期間と同じ年数で償却していく方法**」を使った場合は、毎年100万円〜130万円くらいをコンスタントに支払い続けることになります。

これほど税金に差が出ることを理解してもらえたのではないでしょうか。

どちらの方法で経営するのか、経営者（投資家）の判断にすべてかかっています。この法人税等の納税義務者は、銀行でもなく入居者でもなく、法人の経営者なのですから、しっかり検討してもらいたいと思います。

2-5

キャッシュフローを安定させられる方法

毎年の手残りが著しく変動するのは避けたいと思いませんか？　この方法を使うとキャッシュフローが安定しやすくなります。なぜそうなるのかを理解しましょう。

☑ **支払利息と減価償却費のバランスに注目する。**
☑ **これまでの方法と比べて利益とキャッシュフローがどのように違うかを理解する。**

この方法はこんな方にお勧め

　少し復習します。

　「**減価償却限度額を最大限に使う方法**」は減価償却費を早期に使うため、最初は利益が少ないですが、後半から急激に利益が多くなり、それに比例して法人税が多くなることによりキャッシュフローが悪化しました。

　「**借入の返済期間と同じ年数で償却していく方法**」と「**建物附属設備も建物と同じ耐用年数と考えて使う方法**」は、減価償却費の計上額をコントロールすることで急激な利益は発生しなくなり、ある程度利益を平準化することができるため、「**減価償却限度額を最大限に使う方法**」に比べてキャッシュフローもやや安定的になりました。しかし、支払利息の減少にともなって利益が少しずつ大きくなるため完全に利益を平準化することは難しかったのです。

　今回ご紹介する方法は、ある程度ではなく、**完璧に近い形で利益を平準化**することができます。

　完璧に利益を平準化できれば、当然、支払う法人税もほとんど同じになるので、税引後の手残りは安定することになります。

　私は不動産投資家の相談に数多く乗ってきましたが、基本的に、毎年

の税引後キャッシュフローが著しく変動したり、波があることを嫌う傾向にあると思います。特に専業大家の場合は、サラリーマン大家と違って不動産投資で生計を立てているので、キャッシュフローを安定させたい気持ちが強いはずです。

　この方法は、できる限り利益を平準化させることにより毎年の手残りを安定させたい方に大変お勧めです。

完璧に利益を平準化するためには

　簡単にいってしまうと、**支払利息の減少と反比例させて減価償却費を増加させる**ことになります。図2-14が、そのイメージです。

図2-14　平準化のイメージ

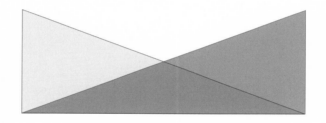

　「**借入の返済期間と同じ年数で償却していく方法**」と「**建物附属設備も建物と同じ耐用年数と考えて使う方法**」のように、減価償却費を10年間一定にしたところで、支払利息の支払いについては必ず減少していくのであれば、**10年間の減価償却費の総額と10年間の支払利息の総額の合計を算出して、均一になるように減価償却費の金額をコントロール**していけばいいということです。

　言葉で説明するとわかりにくいので、図2-15のような表を作成して説明します。

図2-15　平準化のための計算表

		中古木造
①	金利	2.000%
②	借入期間（年）	10
③	借入金額	50,000,000
④	建物価額	30,000,000
⑤	減価償却費合計	30,000,000
⑥	支払利息合計	5,208,072
⑦	経費合計	35,208,072
⑧	平均値	3,520,807

年数		1	2	3	4	5	6	7	8	9	10	合計	
返済	元金(年間)	4,562,479	4,654,570	4,748,519	4,844,365	4,942,145	5,041,899	5,143,667	5,247,489	5,353,406	5,461,461	50,000,000	
	利息(年間)	958,328	866,237	772,288	676,442	578,662	478,908	377,140	273,319	167,402	59,346	5,208,072	Ⓐ
Ⓑ 平均値－利息	減価償却費	2,562,479	2,654,570	2,748,519	2,844,365	2,942,145	3,041,899	3,143,667	3,247,489	3,353,406	3,461,461	30,000,000	

まずは、図2-15の上の表の内容から確認します。

61ページで例に挙げた中古木造の収益物件の概要のうち、

❶ 借入金利　⇨　2％
❷ 借入期間　⇨　10年
❸ 借入金額　⇨　5,000万円

が記載されています。

　その下に、物件価額5,000万円のうち、❹建物価額（3,000万円）を記載しています。その3,000万円のうち、減価償却費という経費に計上できる金額を、❺減価償却費合計（3,000万円）として記載しています。

　その下、❻の支払利息合計は、10年間で支払うべき利息の合計額を記載しています。これは横長の表のⒶと同一の金額になります。

　そして、❼経費合計として、❺減価償却費合計 ＋ ❻支払利息合計の

合算値を記載しています。

❽平均値は、❼経費合計を❷借入期間（10年）で割っています。

ここまで計算したら、次に横長の表の⑱を作成します。

1年目の減価償却費は、$\boxed{❽平均値（3,520,807円）-1年目の利息（958,328円）=2,562,479円}$ となります。

同様に、2年目の減価償却費は、$\boxed{❽平均値（3,520,807円）-2年目の利息（866,237円）=2,654,570円}$ となります。3年目以降も同様に計算します。

この表を完成させるとわかるとおり、支払利息は1年目から10年目に向かって徐々に少なくなっていくのに対し、減価償却費は1年目から10年目に向かって徐々に増えていきます。

10年間で計上されるであろう経費のうち、減価償却費と支払利息の合算値を求め、その合算値から1年あたりに経費計上する平均値を求めました。**毎期の支払利息の金額は基本的に利率が変わらない限り確定値なわけですから、平均値からその確定している支払利息を引いた金額分を減価償却費として計上**していけばよいわけです。

この表はExcelで簡単に作成できますので、皆さんもぜひ実践してみてください。

利益の出方とCFの残り方を理解する

今回の「**キャッシュフローを安定させられる方法**」を使った場合の利益の出方とキャッシュフローの残り方を図で確認しておきましょう。図2-16を見てください。

家賃収入が図の全体で、そこから固定資産税などの経費を差し引きます。修繕費や広告費などは毎年一定ではないことが多いですが、ここではわかりやすくするために一定にしています。

次に、支払利息です。今回の例は元利均等返済なので毎月の返済額が同じになります。返済額の内訳は、初期は利息の割合が多く元本が少な

いですが、返済が進むにつれて、利息が少なく元本の割合が多くなります。図2-16の支払利息も右肩下がりに年々減っています。

図2-16　物件保有中の利益の出方

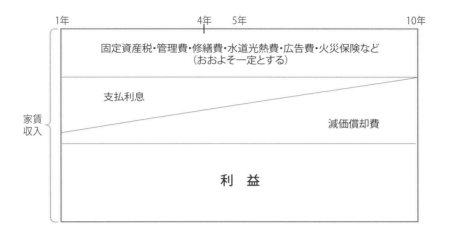

減価償却費は、先ほど作成した図2-15「平準化のための計算表」を参考にしながら計上していきます。利息の支払いが少なくなるにつれて減価償却費を多く計上しており、**支払利息と減価償却費の毎期合計が一定**になっている点に注目してください。

これらの経費を除いた部分が法人の利益になります。これまでの3つの方法（53ページ、59ページ、64ページ）と比べると利益の面積がほぼ同じになりました。これが、完璧な利益の平準化ということです。

これに連動しているのが78ページの図2-17です。

図の全体を家賃収入として考えると、そこから固定資産税などがキャッシュアウトします。次に元本と利息が出ていきます。元利均等返済なので、支払う利息＋元本 の合計額は毎期一定となります。

利益の計算の場合は減価償却費が関係しましたが、キャッシュフローの観点から見ると、減価償却費はキャッシュアウトしないため図2-17には記載がありません。

図2-17　物件保有中のキャッシュフローの残り方

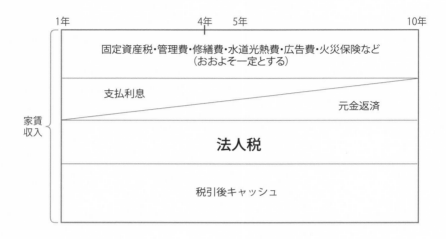

　図2-15「平準化のための計算表」に基づき減価償却費を計上したことにより**利益が平準化したため、法人税についてもほぼ一定**になりました。

　これらをすべて除いた部分が税引後のキャッシュフローとなるわけですが、これまでの3つの方法（**「減価償却限度額を最大限に使う方法」「借入の返済期間と同じ年数で償却していく方法」「建物附属設備も建物と同じ耐用年数と考えて使う方法」**）に比べ、**法人税がほぼ一定になったことでキャッシュフローが非常に安定的**になったことがわかります。

「平準化のための計算表」を指標にする

　ここまで「完璧な利益の平準化」について説明してきました。この前提は、家賃収入や固定資産税などの経費がおおよそ一定であることですので、サブリース物件をイメージしてもらうと、よりわかりやすいかもしれません。

　サブリース物件でない場合、空室、退去、家賃下落、老朽化などにともなって家賃収入が減ったり、広告費や修繕費が増えたりしますから、今回の**「キャッシュフローを安定させられる方法」**を使ったとしても完璧な利益の平準化にはならないかもしれません。

　しかし、そうだとしても、一度75ページの図2-15「平準化のための計算表」をぜひ作成してみてください。

　なぜなら、この表を作成することで、**減価償却費を計上する目安がわかる**からです。

　これまで見てきた4つの方法で、それぞれ1年目に計上した減価償却費を次に記載します。

❶ 減価償却限度額を最大限に使う方法

3,000万円 ÷ 4年 ＝ <u>750万円</u>

❷ 借入の返済期間と同じ年数で償却していく方法

3,000万円 ÷ 10年 ＝ <u>300万円</u>

❸ 建物附属設備も建物と同じ耐用年数と考えて使う方法

① 建物 ⇨ 2,400万円 ÷10年 ＝ 240万円
② 建物附属設備 ⇨ 600万円 ÷10年 ＝ 60万円
③ ① ＋ ② ＝ <u>300万円</u>

❹ キャッシュフローを安定させられる方法

256万2479円

　❹の金額で減価償却費を計上すると利益が平準化してキャッシュフローが安定しやすいという目安があるならば、❷と❸の方法で計上する金額は少し多めに計上していることがわかりますし、❶の方法では❹の3倍もの減価償却費を計上するわけですから、**だいぶん前倒しで減価償却費を使っている**のだな、と実感してもらえると思います。そういう目安、もしくは指標のような意味でも、この**「キャッシュフローを安定させられる方法」**はぜひ理解してください。

2-6

売却を見据えて使う方法

物件の売却に備えて、物件保有中にどのように減価償却費を計上すればよいかを理解しましょう。当面物件を売却する予定がない方も、今から考えておくべきことがあります。

☑ **何年後にいくらで売却できるのか出口を考えてみる。**
☑ **残債、売価、簿価のバランスに注目する。**

売却時の残債と簿価に注目する

収益物件をずっと持ち続けて、売却はしないとお考えの方もいると思いますが、この5つ目の方法は、売却を前提とした考え方になります。

そもそも、**不動産投資が成功したかどうか（本当に儲かったかどうか）は、売却をしなければ判断できません**。なぜなら、物件保有中はキャッシュフローが残っていたとしても、売却時に自己資金を持ち出さないと売れないような状況になってしまったら、トータルではお金が残らなかったということも十分にあり得るからです。

そういう意味では、**物件購入 ⇨ 保有 ⇨ 売却というステップのなかで、「売却」はとても重要なポイント**になります。

その重要なポイントである売却時に次のような状況に陥っていると、不動産投資家としては非常に苦しくなります。

残債 ＞ 売却価額 ＞ 簿価

なぜ苦しくなるのかを説明するために金額を入れてみます。

> | 残債 | > | 売却価額 | > | 簿価 |
> |:---:|:---:|:---:|:---:|:---:|
> | 2,500万円 | > | 2,000万円 | > | 500万円 |

　まず、残債2,500万円と売却価額2,000万円とのバランスに注目してください。

　売却価額2,000万円なので、買主から2,000万円の売却代金が入ってきますが、それと同日に金融機関へも残債を一括返済しなければなりません。しかし、残債2,500万円を返済するためには売却代金だけでは足りませんので、500万円を自己資金として持ち出さないといけません。

　次に、売却価額2,000万円と簿価500万円とのバランスに注目してください。

　売却益の計算は、売価－簿価になりますから、2,000万円 － 500万円＝1,500万円 が売却益になります。売却益が1,500万円ということは、法人税の実効税率から考えると、所得800万円超で33%の税率になります（68ページ）。よって、法人税等は 1,500万円 × 33% ＝ 495万円 となり、この法人税等も売却代金から支払うことができず、持ち出して支払わなければなりません。

　つまり、売却したことにより、金融機関への一括返済時に500万円と、法人税等の支払いに495万円で、合計995万円のキャッシュアウトが発生することになるのです。

　以上から、不動産投資家は、売却時には次のような状況になっていることが望ましいといえます。

残債	≦	売却価額	≦	簿価

たとえば、次のような状況であればどうでしょうか。

```
残債    ≦    売却価額    ≦    簿価
500万円  ≦  2,000万円  ≦  2,000万円
```

　まず、残債500万円と売却価額2,000万円とのバランスに注目してください。

　売却価額2,000万円なので、買主から2,000万円の売却代金が入ってきて、その代金で金融機関へ500万円を返済することができ、手元に1,500万円が残ることになります。

　次に、売却価額2,000万円と簿価2,000万円とのバランスに注目してください。

　売却益の計算は 売価－簿価 で、 2,000万円 － 2,000万円 ＝ 0円 となり、売却益は発生しませんから、売却による法人税等も発生しないことになります。

　よって、売却したことにより1,500万円のキャッシュが残ることになります。

　同じ売却価額2,000万円であっても、残債と簿価の金額によって売却によるキャッシュフローが大きく変わることを理解してもらえたと思います。

　この「残債と売価と簿価のバランス」はとても重要になります。

売却までを視野に入れて減価償却費をコントロールする

　ここで説明する「**売却を見据えて使う方法**」では、まず、**何年後にいくらで売却できそうかを考える**ことから始めます。

　たとえば、49ページで例に挙げた収益物件を5年後に3,500万円で売却したいと考えているとします。

その場合、5年後（60カ月後）に売却したときの残債は2,600万円ほどに減っています。

　そして、保有中の減価償却費は、**「減価償却限度額を最大限に使う方法」**により4年間にわたって $3,000万円 \div 4年 = 750万円$ を計上したとすると、売却時の5年後には建物の簿価はゼロで、土地の簿価が2,000万円残っていることになります。

　そうすると次のような状態になります。

残債	＜	売却価額	＞	簿価
2,600万円	＜	3,500万円	＞	2,000万円

　残債は2,600万円なので、売却代金の入金により問題なく返済できますが、売却益として $3,500万円 - 2,000万円 = 1,500万円$ が発生し、$1,500万円 \times 33\% = 495万円$ の法人税等が発生することが予測されます。

　将来予測されるこの状況を回避するために、次のような状況にしておくことを考えます。

残債	≦	売却価額	≦	簿価
2,600万円	≦	3,500万円	≦	3,500万円

　ここで注目してもらいたいのは、売却価額と簿価を同じにして売却益を発生させないようにしようとしているところです。

　「減価償却限度額を最大限に使う方法」を使うと5年後の簿価は土地の2,000万円だけになってしまうので、5年間の減価償却費をコントロールすることによって、**土地2,000万円＋建物1,500万円＝3,500万円を5年後の簿価となるようにする**わけです。

当初3,000万円で建物を購入しているので、3,000万円 － ５年後の
希望簿価1,500万円 ＝ 1,500万円 を５年間で減価償却費として計上す
ることになります。

　１年あたりで考えると、1,500万円 ÷ ５年間 ＝ 300万円 の減価償却
費となります。

　５年間で1,500万円だけ減価償却費を計上することで、５年後の簿価
は土地を含め3,500万円となりますので、もし3,500万円で売却できた
としても売却益は発生しないことになります。

　このように、**「売却を見据えて使う方法」は、売却までを見据え、売価
を予測することにより逆算して毎期の減価償却費の計上額を決定する**方
法になります。

この方法はこんな方にお勧め

　「売却を見据えて使う方法」は、大きく分けて次の２つの場合にお勧め
しています。

❶ 短期的に売却を検討している場合

　短期とは、**２年～３年、もしくは４年～５年くらいの期間を想定**して
います。

　やはり、短期的なので**売却価額を予測しやすい**というメリットがあり
ます。

　売却価額がある程度予測できれば、それに沿った形で減価償却費を検
討できるはずです。

　私が実務で経験したお話をしますと、競売により500万円で物件を決
済したお客様がいました。200万円くらいのリフォームをかけることに
より、１年後には1,500万円で売却できると予測していました。単純計
算でも、かなりの売却益が発生することがわかっていたので、購入時の
１年目は減価償却費を１円も計上せずに売却に備えました。

結果、2年目に予想価格に近い金額で売却でき、売却益の圧縮につながりました。

❷ オーバーローン、フルローンで購入している場合

借入をして物件を購入する際に、自己資金をほぼ出さないオーバーローンやフルローンになるケースがあります。今はスルガショックにより自己資金を何割か出さなければ購入できないケースが増えていますが、少し前まではフルローン、オーバーローンを実務でよく見かけました。

フルローン、オーバーローンで借入をすると、購入時はほとんど自己資金を出さないのでとても楽なのですが、**物件保有中は返済比率が高くキャッシュフローが残りにくい**傾向にあります。さらに、借入期間や金利にもよりますが、**残債の減りが遅いので、売却時には残債が思った以上に残っている**場合があります。しかも、**残債の減りが遅いのに対し、減価償却費は初期から多額に計上してしまっている**ため、簿価が結構少なくなっていることも多いのです。

つまり、残債 ＞ 売却価額 ＞ 簿価 の状況になりやすいということです。**オーバーローンで借りて購入時は楽だったけれど、売却時には苦しい思いをすることを避ける**ために、「**売却を見据えて使う方法**」を使うことがあります。**残債はコントロールできませんが、せめて売却価額と簿価は近い金額**にしておき、売却益に備えるのは1つの手です。

トータルでお金の残り方は変わるのか

例に挙げた収益物件を購入し、最終的に3,500万円で売却したとします。その場合、「**減価償却限度額を最大限に使う方法**」と「**売却を見据えて使う方法**」をそれぞれ使うことによってトータルの手残りに違いが出るかどうかを計算してみます。

もう一度、条件を確認してください。

図2-18　購入した収益物件の概要

購入者	法人
購入価額	5,000万円（土地2,000万円、建物3,000万円）
物件構造	木造（居住用）
築年数	築25年
借入金額	5,000万円
借入期間	10年
借入金利	2%
返済方法	元利均等返済
家賃年収	750万円（表面利回り15%） ※家賃下落、空室なしで一定とする。
固定資産税などの経費	家賃年収の20%（一定とする）
売却	5年後に3,500万円で売却 ※売却時の印紙税、仲介手数料は省略。

基本編

所得の金額によって次の税率を適用させるものとします。

> 所得金額 400万円以下 ⇨ 所得金額×21% ＝ 法人税等
>
> 所得金額 400万円超～800万円以下 ⇨ 所得金額×23% ＝ 法人税等
>
> 所得金額 800万円超 ⇨ 所得金額×33% ＝ 法人税等

図2-19 「減価償却限度額を最大限に使う方法」を使った場合

キャッシュフロー

	1年目	2年目	3年目	4年目	5年目
[1]売上 家賃収入（共益費込）	7,500,000	7,500,000	7,500,000	7,500,000	7,500,000
[2]費用 固定資産税など	1,500,000	1,500,000	1,500,000	1,500,000	1,500,000
[3]純利益（[1]−[2]）	6,000,000	6,000,000	6,000,000	6,000,000	6,000,000
[4]元金返済	4,562,479	4,654,570	4,748,519	4,844,365	4,942,145
[5]支払利息	958,328	866,237	772,288	676,442	578,662
[6]元利金合計（[4]＋[5]）	5,520,807	5,520,807	5,520,807	5,520,807	5,520,807
[7]税引前CF（[3]−[6]）	479,193	479,193	479,193	479,193	479,193
[8]減価償却費	7,500,000	7,500,000	7,500,000	7,500,000	0
所得（[3]−[5]−[8]）	-2,458,328	-2,366,237	-2,272,288	-2,176,442	5,421,338
[9]法人税等	0	0	0	0	0
税引後CF（[7]−[9]）	479,193	479,193	479,193	479,193	479,193
税引後CF累計額	479,193	958,386	1,437,578	1,916,771	2,395,964
借入金残高	45,437,521	40,782,951	36,034,432	31,190,067	26,247,921
欠損金累計	2,458,328	4,824,566	7,096,854	9,273,296	3,851,958

不動産売却

	6年目
想定売却利回り	21.43
[1]想定売却価額	35,000,000
[2]借入金残高	26,247,921
[3]税引前CF（[1]−[2]）	8,752,079
建物	0
土地	20,000,000
[4]物件簿価合計	20,000,000
売却益（[1]−[4]）	15,000,000
繰越欠損金	3,851,958
所得［売却益−繰越欠損金］	11,148,042
[5]法人税等	3,678,854
[6]税引後CF（[3]−[5]）	5,073,225
[7]所有時税引後CF累計額	2,395,964
投資業績（[6]＋[7]）	7,469,189

図2-20 「売却を見据えて使う方法」を使った場合

キャッシュフロー

	1年目	2年目	3年目	4年目	5年目
[1]売上 家賃収入（共益費込）	7,500,000	7,500,000	7,500,000	7,500,000	7,500,000
[2]費用 固定資産税など	1,500,000	1,500,000	1,500,000	1,500,000	1,500,000
[3]純利益（[1]−[2]）	6,000,000	6,000,000	6,000,000	6,000,000	6,000,000
[4]元金返済	4,562,479	4,654,570	4,748,519	4,844,365	4,942,145
[5]支払利息	958,328	866,237	772,288	676,442	578,662
[6]元利金合計（[4]＋[5]）	5,520,807	5,520,807	5,520,807	5,520,807	5,520,807
[7]税引前CF（[3]−[6]）	479,193	479,193	479,193	479,193	479,193
[8]減価償却費	3,000,000	3,000,000	3,000,000	3,000,000	3,000,000
所得（[3]−[5]−[8]）	2,041,672	2,133,763	2,227,712	2,323,558	2,421,338
[9]法人税等	428,751	448,090	467,820	487,947	508,481
税引後CF（[7]−[9]）	50,442	31,103	11,373	-8,754	-29,288
税引後CF累計額	50,442	81,544	92,918	84,163	54,875
借入金残高	45,437,521	40,782,951	36,034,432	31,190,067	26,247,921

不動産売却

	6年目
想定売却利回り	21.43
[1]想定売却価額	35,000,000
[2]借入金残高	26,247,921
[3]税引前CF（[1]−[2]）	8,752,079
建物	15,000,000
土地	20,000,000
[4]物件簿価合計	35,000,000
売却益（[1]−[4]）	0
[5]法人税等	0
[6]税引後CF（[3]−[5]）	8,752,079
[7]所有時税引後CF累計額	54,875
投資業績（[6]＋[7]）	8,806,954

図2-19、図2-20の見方を説明します。

まず、保有中のキャッシュフローのほうからです。

1年目を見てください。

[1] の家賃収入から [2] の固定資産税などの費用を引いて、[3] の純利益（営業利益）が計算されます。

[3] から [4] の元金返済と [5] の支払利息を控除すると、[7] 税引前キャッシュフローが計算されます。

利益の計算は、[3] の純利益から [5] の支払利息と [8] の減価償却費を引くことで求められます。

[9] の法人税等は、先ほど求めた所得に対し、所得金額に応じた税率を掛けています。

図2-19では所得がマイナスなので、法人税等はゼロとしています。このマイナスは法人税法上、「欠損金」といい、10年間にわたって翌期以降の事業年度に繰り越すことができ、黒字が発生した場合に相殺できます。

1年目〜4年目まで欠損金が発生しており、その累計を最終行に記載しています。

5年目に所得が542万1338円発生していますが、4年目まで繰り越してきた欠損金を相殺して所得がゼロになるため、法人税等がゼロになります。

さらに、5年目に欠損金を542万1338円控除してもなお385万1958円残っているため、5年目の欠損金累計に385万1958円と記載しています。

税引後キャッシュフローは、[7] の税引前キャッシュフローから [9] の法人税等を引いて手残りが計算されます。

次に、不動産売却の表を見てください。

[1] の売価から [2] の残債を引くことで、[3] の税引前キャッシュフローを求めます。

売却益は、[1] 売価から [4] 土地と建物の帳簿簿価を引くことで計算

できます。

　その売却益に対し、所得金額に応じた税率を掛けて［5］の法人税等を求めています。

　図2-19では、売却益から5年目に残っている欠損金385万1958円を控除しますので、1,114万8042円に対して税率を掛けて法人税等を求めています。

　［3］の税引前キャッシュフローから［5］の法人税等を引くことで［6］の税引後キャッシュフローとなります。つまり、売却しただけで手元に残るお金になります。

　［7］の所有時税引後キャッシュフロー累計額は、物件保有中の1年目〜5年目までの5年間でたまったお金の合計になります。

　投資業績は、［6］の売却による手残りと、［7］の5年間にたまったお金の合計となります。

　つまり、トータルの手残りについては、不動産売却の最終行に記載されている投資業績で判断することになります。

❶ 減価償却限度額を最大限に使う方法
　　　　のトータルの手残り ＝ 7,469,189円
❺ 売却を見据えて使う方法
　　　　のトータルの手残り ＝ 8,806,954円
その差 ＝ 1,337,765円

　❶の方法を使った場合、購入から売却までのトータルの法人税等は367万8854円になりますが、❺の方法を使った場合は、購入から売却までのトータルの法人税等は234万1089円になります。

　❶と❺の法人税等の差が133万7765円になるので、手残りに差が出た原因は法人税等ということになります。

第2章のまとめ

　ここまで、減価償却費のコントロールの仕方について５つの方法を紹介してきました。不動産投資家によって減価償却費の計上額の考え方はさまざまですが、私たちの税理士法人では、次のようなことを確認し、相談した上で毎年の計上額を決めています。参考にしてみてください。

基　本　編

減価償却費を使う前にほかの節税対策は検討しましたか？

　21ページで説明した役員報酬の支給や旅費規程の整備をきちんとした上で、減価償却費の金額を決めるということです。

今後、投資規模を拡大したいですか？

　短期間で物件を増やしたい場合には、**「減価償却限度額を最大限に使う方法」** を使うと、早期に拡大できる可能性が高まります。

短期保有目的ですか？　長期保有目的ですか？

　短期保有の場合は、**「売却を見据えて使う方法」** を使うことが多いです。

売却するとしたら、いつ、いくらくらいを想定していますか？

　保有の長短にかかわらず、**「売却を見据えて使う方法」** を使うことが多いです。

黒字決算にしたいですか？

　黒字決算になりやすいのは次の方法を使うときです。

　・借入の返済期間と同じ年数で償却していく方法
　・建物附属設備も建物と同じ耐用年数と考えて使う方法
　・キャッシュフローを安定させられる方法

　減価償却費をあまり計上しないと、利益が大きく発生する可能性があります。利益が大きく発生し、その事業年度の法人税額が20万円を超えたとします。

　法人税額が20万円を超えると、翌事業年度に法人税等の中間納税が発生します。翌事業年度に支払う中間納税は、前事業年度の法人税等の約半分になります。その**中間納税が、前事業年度の決算から半年後に必ず発生することになるので、その点も含めた資金繰りのことを確認**した上で減価償却費の計上額を決める必要があります。

　法人税は、中小法人等であれば800万円以下の所得に対して15％の税率が課せられます。

　ということは、逆算すると、20万円（法人税）÷ 15％ = 133万3333円になるため、**法人の所得が133万3000円であれば、133万3000円 × 15％ = 19万9950円 ≦ 20万円** になるので、**翌期に中間納税は発生しない**ことになります。

　つまり、中間納税を絶対回避したい場合は、133万3000円まで法人の所得を出すように減価償却費で調整することもできるというわけです。

繰上返済、借り換えなども検討していますか？

　繰上返済や借り換えにより、将来の返済計画が変わってきますので、それも加味して減価償却費の計上を考えることがあります。

前倒しで減価償却費を計上している場合、後々の対策はありますか？

　「**減価償却限度額を最大限に使う方法**」を使う場合に、将来に備えて早めに対策を検討します。

応用編
減価償却費を使った 節税テクニック

物件売却時に決算期を変更し、減価償却費をコントロールして節税

物件を高値で売却できると手残りも多くなりますが、それに連動して売却益が大きく発生し法人税等の負担が増えてしまう場合があります。そのようなときに検討してもらいたい節税テクニックです。

☑ 決算期を変更することの意味を理解する。
☑ 減価償却費を調整することで何が変化するのかを確認する。

なぜ決算期を変更するのか

収益物件を売却することで、多額の売却益による法人税等が発生する場合があります。法人には、売却のタイミングにもよりますが、**売却益による法人税等を圧縮するための手段の1つとして「決算期の変更」**があります。

なぜ決算期を変更すると売却益による法人税等の圧縮になるのかを説明します。

第3章全体を通して使う収益物件の例を次に示します。まずはその内容を確認してください。

図3-1 物件概要

購入者	法人
法人の決算期	12月31日
購入年月日	2016年1月1日
購入価額	1億5000万円（土地8,000万円、建物7,000万円）
物件構造	鉄筋コンクリート（居住用）
築年数	築15年
借入金額	1億5000万円

借入期間	30年
借入金利	2%（固定金利）
返済方法	元利均等返済
家賃年収	1,500万円（表面利回り10%） ※家賃下落、空室なしで一定とする。
固定資産税などの経費	家賃年収の25%（一定とする）
耐用年数	35年

耐用年数の計算

1. 法定耐用年数から経過した年数を差し引いた年数

    47年 − 15年 = 32年

2. 経過年数15年の20%に相当する年数

    15年 × 20% = 3年

3. 耐用年数

    32年 + 3年 = 35年

毎期の減価償却限度額

7,000万円 ÷ 35年 = 200万円

　減価償却費は、購入時から減価償却限度額を最大限に計上してきたものとします。

2021年1月1日期首簿価

土地8,000万円、建物6,000万円

建物期首簿価の計算式

7,000万円 −（毎期の減価償却限度額200万円 × 5年）= 6,000万円

図3-2　売却概要

売買契約書締結日	2021年11月1日
引き渡し日（所有権移転日）	2021年12月31日
売却価額	1億8750万円（売却利回り8%）
売却にともなう仲介手数料	620万円

　この法人では、この物件しか保有しなかったものとします。また、所得金額（利益）により法人税等は次の3段階に分けることとします。

所得金額 400万円以下	⇨	所得金額×21％＝ 法人税等
所得金額 400万円超～800万円以下	⇨	所得金額×23％＝ 法人税等
所得金額 800万円超	⇨	所得金額×33％＝ 法人税等

　例に挙げた収益物件を使って、決算期の変更が売却益による法人税等の圧縮につながるかを具体的に計算してみましょう。
　決算期を変更しなかった場合と変更した場合で比較してみます。

決算期を変更しなかった場合

　計算式と一緒に図3-3を見てください。

図3-3　決算期を変更しない場合

❶ 物件保有による利益

家賃収入	1,500万円
固定資産税などの経費	△375万円
支払利息	△257万8000円
利益	867万2000円

❷ 売却による利益

売却価額	1億8750万円
2021年1/1期首簿価（土地）	△8,000万円
2021年1/1期首簿価（建物）	△6,000万円
仲介手数料	△620万円
利益	4,130万円

❸ 利益合計

❶ + ❷ = 4,997万2000円

❹ 法人税等

❸ × 33%（実効税率）= 1,649万760円

決算期を変更した場合

計算式と一緒に図3-4を見てください。

図3-4　決算期を変更した場合

当初は12月末決算でしたが、11月末決算に変更することとします。
そうすることで次のⒶとⒷに分かれることになります。

Ⓐ 2021年1月1日 ～ 2021年11月30日（11カ月の事業年度）

Ⓑ 2021年12月1日～ 2022年11月30日（12カ月の事業年度）

Ⓐ 2021年1月1日～ 2021年11月30日（11カ月の事業年度）

売買契約書は2021年11月1日に締結するものの、実際の引き渡し
（所有権移転）は翌期の2021年12月31日のため、売却による利益は
認識しません。

物件保有による利益のみが発生しますが、12カ月分ではなく収入も
費用も11カ月分として計算します。

Ⓑ 2021年12月1日～ 2022年11月30日（12カ月の事業年度）

実際の引き渡し（所有権移転）が行われるため、売却による利益を認
識します。

2021年12月31日に引き渡しのため、物件保有による利益が発生し
ますが、2021年12月1日～ 12月31日までの1カ月となり、収入も費
用も1カ月分として計算します。

Ⓐ 2021年1月1日～ 2021年11月30日（11カ月の事業年度）

❶ 物件保有による利益	
家賃収入	$1,500万円 \times \dfrac{11カ月}{12カ月} = 1,375万円$
固定資産税などの経費	$\triangle 375万円 \times \dfrac{11カ月}{12カ月} = \triangle 343万7500円$
減価償却費	$\triangle 200万円 \times \dfrac{11カ月}{12カ月} = \triangle 183万3333円$
支払利息	$\triangle 236万7000円$
利益	611万2167円

❷ 売却による利益
ゼロ円

❸ 利益合計
❶＋❷＝611万2167円

❹ 法人税等
❸×23%（実効税率）＝140万5798円

Ⓑ 2021年12月1日〜2022年11月30日（12カ月の事業年度）

❶ 物件保有による利益

家賃収入	$1,500万円 \times \dfrac{1カ月}{12カ月}$	＝125万円
固定資産税などの経費	$\triangle 375万円 \times \dfrac{1カ月}{12カ月}$	＝△31万2500円
支払利息		△21万1000円
利益		72万6500円

❷ 売却による利益

売却価額	1億8750万円
2021年12/1期首簿価（土地）	△8,000万円
2021年12/1期首簿価（建物）	△5,816万6667円
仲介手数料	△620万円
利益	4,313万3333円

❷' 2021年12/1期首簿価（建物）の計算式
　＝（2021年1/1期首簿価）6,000万円 －
　（2021年1/1〜2021年11/30計上減価償却費）183万3333円

❸ 利益合計
❶ ＋ ❷ ＝ 4,385万9833円

❹ 法人税等

❸ × 33%（実効税率）＝ 1,447万3744円

❺ 2期合計の法人税等

Ⓐの事業年度 ＋ Ⓑの事業年度 ＝ 1,587万9542円

・決算期を変更しなかった場合　＝ 1,649万760円
・決算期を変更した場合　　　　＝ 1,587万9542円

　その差は、61万1218円です。

　決算期を変更しただけで、これほど法人税等が節税になるのです。

　なぜ法人税等の金額が減少したのでしょう。

　決算期を変更しなかった場合、**❶物件保有による利益 ＋ ❷売却による利益の合計額全部に対して33%の実効税率が課税**されました。

　一方、決算期を変更したことにより、ⒶとⒷの事業年度に分かれ、**Ⓐの事業年度の利益には23%の実効税率が課され、Ⓑの事業年度の利益には33%の実効税率が課される**ことになりました。**Ⓐの事業年度は所得が800万円以下になったため税率が下がり、その分、税額が減少した**ということになります。

決算期変更とともに減価償却費にも注目

　先ほどは決算期のみを変更しました。

　次は、Ⓐの事業年度で計上した減価償却費を調整してみます。

図3-5 決算期を変更し、Ⓐの事業年度で減価償却費を調整する場合

本来であれば、$\boxed{200万円 \times \dfrac{11カ月}{12カ月} = 183万3333円}$ が11カ月分に相当するⒶの事業年度の減価償却限度額になりますが、これを一切計上せずに、翌期以降に持ち越すことにします。

決算期を変更した場合で、Ⓐの事業年度で減価償却費を計上しない

■Ⓐ 2021年1月1日〜2021年11月30日（11カ月の事業年度）■

❶ 物件保有による利益

家賃収入	$1,500万円 \times \dfrac{11カ月}{12カ月} = 1,375万円$
固定資産税などの経費	$\triangle 375万円 \times \dfrac{11カ月}{12カ月} = \triangle 343万7500円$
減価償却費	0円
支払利息	△236万7000円
利益	794万5500円

❷ 売却による利益
ゼロ円

❸ 利益合計
❶ ＋ ❷ ＝ 794万5500円

❹ 法人税等

❸ × 23%（実効税率）＝ 182万7465円

■ **Ⓑ2021年12月1日～ 2022年11月30日（12ヵ月の事業年度）**■

❶ 物件保有による利益

家賃収入　　　　　　　　1,500万円 × $\dfrac{1\,カ月}{12\,カ月}$ ＝ 125万円

固定資産税などの経費　△375万円 × $\dfrac{1\,カ月}{12\,カ月}$ ＝ △31万2500円

支払利息　　　　　　　　　　　　　　　　　△21万1000円

利益　　　　　　　　　　　　　　　　　　　　72万6500円

❷ 売却による利益

売却価額　　　　　　　　　1億8750万円

2021年12/1期首簿価（土地）△8,000万円

2021年12/1期首簿価（建物）△6,000万円

仲介手数料　　　　　　　　　　△620万円

利益　　　　　　　　　　　　4,130万円

❸ 利益合計

❶＋❷＝4,202万6500円

❹ 法人税等

❸ × 33%（実効税率）＝ 1,386万8745円

❺ 2期合計の法人税等

Ⓐの事業年度 ＋ Ⓑの事業年度 ＝ 1,569万6210円

　このようにすると、Ⓐの事業年度で減価償却費を183万3333円計上したときに比べて、当然利益がアップしましたが、**Ⓑの事業年度における2021年12月1日期首簿価（建物）は6,000万円となり簿価の金額もアップ**しました。

　決算期を変更した上で、Ⓐの事業年度で減価償却費を調整することにより法人税等の圧縮ができたのは、**33%（実効税率）が課せられる部分の金額を減らしたことが大きなポイント**になります。

Ⓐの事業年度で減価償却費を調整しない場合
（Ⓑの事業年度における利益）4,385万9833円 × 33%（実効税率）
＝1,447万3744円

Ⓐの事業年度で減価償却費を調整する場合
（Ⓑの事業年度における利益）4,202万6500円 × 33%（実効税率）
＝1,386万8745円

　法人税等は利益（所得）が800万円超の部分に対しては、800万円以

応用編

下に比べて高い税率が課せられます。そのため、**800万円超の利益に相当する部分を減らすことによって法人税等の圧縮**につながります。

　また、次に示すとおり、売却する前の④の事業年度単体で考えると、減価償却費を計上しないほうが法人税等の支払いが多くなってしまいますが、**④と⑧の事業年度を通算してトータルで考えると、法人税等の支払いは④で減価償却費を計上しないほうが少なくなる**ことになります。

決算期を変更した場合で、④の事業年度で減価償却費を計上する
（④の事業年度の利益）611万2167円 × 23%（実効税率）
　　　　　　　　　　　　　　　　　　　　　　＝ 140万5798円

決算期を変更した場合で、④の事業年度で減価償却費を計上しない
（④の事業年度の利益）794万5500円 × 23%（実効税率）
　　　　　　　　　　　　　　　　　　　　　　＝ 182万7465円

　ここまでについてまとめると、**まずは決算期の変更をすべきかどうかを検討してみる**ことと、次に、**収益物件の売却益が発生しない事業年度では減価償却費を調整するか否かを検討すべき**ということになります。

3-2

物件売却時に決算期を変更&
経営セーフティ共済を導入する合わせ技で節税

ここでは、物件の売却により売却益が発生した際の節税対策として「経営セーフティ共済」を組み込んでみます。それ以外の節税対策も紹介しますので、ぜひ合わせ技にチャレンジしてみてください。

☑ 経営セーフティ共済について理解する。
☑ 経営セーフティ共済の上手な使い方を理解し、合わせ技の効果を確認する。

決算期変更には、もう1つの意味がある

　決算期を変更することにより、売却前の事業年度と売却完了の事業年度に分かれ、税率の差が生まれ、トータルとしての法人税等の支払いが少なくなり、節税につながることを説明しました。

　実は、決算期を変更することには、もう1つ大事な意味があります。

　それは、**決算期を変更することで、売却による利益を圧縮するための節税対策を検討する時間が圧倒的に増やせる**ことです。

　もう一度、96ページの図3-3「決算期を変更しない場合」と、97ページの図3-4「決算期を変更した場合」を見てください。

　図3-3では、2021年11月1日に売買契約を締結し、12月31日に売却するため、売却益を圧縮するための節税対策を検討したり、その対策を実行に移すまでの時間が決算まで1カ月～2カ月くらいしかありません。

　しかし、図3-4のように決算期を変更すると、2021年12月1日から2022年11月30日までの**1年の間に節税対策を検討、実行することができる**わけです。

　1年ほどの時間があれば、考えられることやできることはいろいろあります。

売却益を圧縮するための節税対策

　私たちの税理士法人では、売却益が大きく発生しそうなことがわかった時点から、いろいろな対策を検討し、お客様と対策を詰めます。ここでは、そのうちの一部を紹介します。

❶ 役員報酬の増額

　役員報酬は**「定期同額給与」**という規定があります。わかりやすくいえば、「毎月同じ給与を支払う」ということです。

　仮に役員報酬を容易に変更できるとなれば、「今期は利益が増えそうだから、期中に役員報酬を増額しよう」など、行きすぎた節税が横行してしまうので、利益調整を防ぐためにこのような規定があります。

　ただし、**事業年度開始日から3カ月以内であれば役員報酬は変更が可能**です。このことを活用します。

　決算期を変更しない限りは、急に期の途中から役員報酬を増加させるようなことはできません。

　決算期を変更することで、たとえば売却前の事業年度では役員報酬を毎月10万円支払っていたとしても、売却完了の事業年度開始日から3カ月以内に30万円にアップすることを決めれば、役員報酬は変更可能です。

　もし2021年12月分から役員報酬が30万円にアップするとすれば、$\boxed{30万円 \times 12カ月分 = 360万円}$ の費用を法人で計上でき、その分売却益が圧縮されます。

　1点注意したいのは、360万円の**役員報酬は法人では経費になりますが、役員報酬を受け取った人は個人の所得税として課税されて所得税がアップします。この点も含めたバランスを考えなければなりません。高額所得者の場合は不利になる可能性もあるので気を付けてください。**

❷ 社用車の買い換え、または新規購入

社用車の買い換えや新規購入は、**収益物件の売却益を圧縮する観点からいえば、中古車を購入するほうがよい**と思います。新車の場合と比較してみましょう。

500万円の普通自動車で、法定耐用年数は6年、定率法の償却率は0.333とします。

新車の場合
初年度に計上できる減価償却費

500万円 × 0.333 = 166万5000円

※期の途中の場合は月数按分が必要です。

4年落ちの中古車の場合
耐用年数の計算

1. 法定耐用年数から経過した年数を差し引いた年数

   6年 − 4年 = 2年

2. 経過年数4年の20%に相当する年数

   4年 × 20% = 0.8年

3. 耐用年数

   2年 + 0.8年 = 2.8年

※小数点以下の端数があるときは、原則としてその端数を切り捨てるので、「2年」が耐用年数になります。

耐用年数「2年」の場合は、償却率が「1.000」なので、購入代金の全額を1年で償却することができます。

4年落ちの中古車の場合
初年度に計上できる減価償却費

500万円 × 1.000 = 500万円

※期の途中の場合は月数按分が必要です。

応用編

新車だと最大で166万5000円の減価償却費しか計上できませんが、4年落ちの中古車なら最大500万円の減価償却費を計上できるので、その分売却益を圧縮しやすいことになります。

❸ 新規に収益物件を取得

収益物件の売却代金により残債を金融機関へ支払い、仲介手数料も支払ったあと、手元に残ったお金を寝かせておくのではなく、次の収益物件に新たに投資するということです。まさに、「**物件の入れ替え**」です。

これにより、新規の物件購入時にかかった**諸経費（登録免許税、司法書士報酬、不動産取得税など）を経費に計上すれば、その分売却益が圧縮**されます。ただし、物件購入時の仲介手数料は資産計上しなければいけないので経費にはできません。注意してください。

さらに、その**新規物件の建物の減価償却費も月数按分することによりいくらか計上**できます。

そもそも減価償却のスタートは、通常、新規物件の引き渡しを受けた日から開始します。したがって、事業年度の途中で新規物件の引き渡しを受けた場合、その事業年度に償却できる限度額は、引き渡し日からその事業年度の末日（決算日）までの月数で按分することで計算されます。

売却益を圧縮する観点で考えると、減価償却費を調整することなく月数按分で計算された減価償却限度額をすべて計上したほうが利益圧縮につながり納税額を減らせるでしょう。

❹ 経営セーフティ共済に加入

次のところで詳しく説明します。

経営セーフティ共済の基本

経営セーフティ共済は、「中小企業倒産防止共済」ともいわれます。

中小企業の取引先事業者が倒産してしまった際の連鎖倒産を防ぐことを目的として創設されたものです。

❶ 加入要件

1年以上継続して事業を行っている中小企業者が加入できます。

新規法人の場合は、第2期目以降しか加入できないので注意してください。

❷ 掛金

掛金月額は5,000円〜20万円までの範囲で、5,000円刻みに金額設定できます。**掛金総額が800万円になるまで積立可能**です。

毎月20万円ずつ掛ければ**40カ月（3年4カ月）で掛止め**となり、それ以上掛けることはできません。

❸ 掛金の前納

将来払い込む掛金をまとめて一括で払い込むことが可能です。

❹ 税法上の取り扱い

法人の場合は**損金として経費処理**できます。また、**1年以内の前納掛金も払い込んだ期の損金に算入**できます。

注意点

解約して返戻金を受け取った場合には全額が利益（益金）となります。掛けるときは節税になりますが、解約して返戻金を受け取るときに節税した分の税金を納めなければいけない可能性があるということで

す。言い換えると、**「利益の繰延」をしている**ことになります。

❺ 一時貸付金

取引先事業者が倒産していなくても、共済契約者が臨時に事業資金を必要とする場合に、**解約返戻金の95%を上限として貸付が受けられます**。

図3-6　共済契約者への一時貸付金

貸付限度額	解約返戻金の95%が上限 掛金総額が800万円なら、 800万円 × 95% ＝ 760万円
返済期間	1年
返済方法	期限一括償還
貸付利率	年0.9%（一括で前払い）
担保・保証人	無担保・無保証人

❻ 解約

経営セーフティ共済の解約については、次の2種類を覚えておいてください。

図3-7　解約の種類

任意解約	共済契約者がいつでも行うことができる解約
みなし解約	法人を解散した、法人を分割（その事業のすべてを承継）した場合などに生じる解約

■ 解約返戻金 ■

共済契約が解約されたとき、掛金納付月数が12カ月以上の場合、解約返戻金が支払われます。ただし、掛金納付月数が12カ月未満の場合は支払われません。

解約返戻金の額は、掛金の納付月数に応じて、掛金総額に図3-8に示す率を掛けた額となります。

図3-8　解約返戻金の返戻率

掛金納付月数	任意解約	みなし解約
1カ月〜11カ月	0%	0%
12カ月〜23カ月	80%	75%
24カ月〜29カ月	85%	80%
30カ月〜35カ月	90%	85%
36カ月〜39カ月	95%	90%
40カ月	100%	95%

経営セーフティ共済を使った利益圧縮方法

ここまでで経営セーフティ共済のあらましを理解してもらえたと思います。この経営セーフティ共済を上手く利用して売却益の圧縮につなげ、法人税等を節税する方法を、図3-9を使って説明します。

図3-9　1事業年度のなかで最大限に経営セーフティ共済を掛ける方法

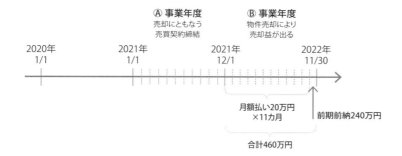

応用編

物件売却により売却益が発生する®の事業年度に入ったら、**経営セーフティ共済に加入し、毎月の掛金として20万円ずつ支払っていきます。**

2021年12月から2022年10月までの11カ月間は、これを継続していきます。

2022年11月になったら、**経営セーフティ共済を取り扱う、独立行政法人 中小企業基盤整備機構へ「掛金前納申出書」という書類を提出し、**さらに前納として、$20万円 × 12カ月 = 240万円$ の掛金を支払います。

この240万円分の掛金は、2022年11月から2023年10月までの将来にわたる1年分になります。1年分を前払いして支払ったとしても、その分は支払った事業年度の損金に入れることができます。

このようにすることで、

---

❶ 2021年12月〜2022年10月　⇨　20万円 × 11カ月 = 220万円
❷ 2022年11月〜2023年10月　⇨　20万円 × 12カ月 = 240万円
❸ ❶ + ❷ = 460万円

を**一括して®の事業年度の損金にすることができる**のです。

そうすると、**売却益が460万円分少なくなります。単純計算で** $460万円 × 33%（実効税率）= 151万8000円$ の法人税等が節税できるわけです。

この支払い方法は、経営セーフティ共済だけでなく、生命保険の保険料支払いについても同じことがいえます。法人で生命保険を支払っている場合は、ぜひ同じように検討してみてください。

では、この節税方法を使った場合の数字を示しますので確認してください。

決算期を変更した場合で、Ⓐの事業年度で減価償却費を計上せず、
Ⓑの事業年度で経営セーフティ共済を最大限に掛けた場合

■ Ⓐ 2021年1月1日〜 2021年11月30日（11ヵ月の事業年度）■

❶ 物件保有による利益

家賃収入 　　　　　　　　1,500万円 × $\frac{11ヵ月}{12ヵ月}$ ＝ 1,375万円

固定資産税などの経費 　△375万円 × $\frac{11ヵ月}{12ヵ月}$ ＝△343万7500円

減価償却費 　　　　　　　　　　　　　　　　　　　　　　0円

支払利息 　　　　　　　　　　　　　　　　　△236万7000円

利益 　　　　　　　　　　　　　　　　　　　794万5500円

❷ 売却による利益
ゼロ円

❸ 利益合計
❶ ＋ ❷ ＝794万5500円

❹ 法人税等
❸ ×23%（実効税率）＝ 182万7465円

■ Ⓑ2021年12月1日〜 2022年11月30日（12ヵ月の事業年度）■

❶ 物件保有による利益

家賃収入 　　　　　　　　1,500万円 × $\frac{1ヵ月}{12ヵ月}$ ＝125万円

固定資産税などの経費 　△375万円 × $\frac{1ヵ月}{12ヵ月}$ ＝ △31万2500円

支払利息 　　　　　　　　　　　　　　　　　△21万1000円

利益 　　　　　　　　　　　　　　　　　　　72万6500円

❷ 売却による利益

売却価額	1億8750万円
2021年12/1期首簿価（土地）	△8,000万円
2021年12/1期首簿価（建物）	△6,000万円
仲介手数料	△620万円
利益	4,130万円

❸ 経営セーフティ共済掛金

20万円 × 11カ月 + 240万円 = 460万円

❹ 利益合計

❶ + ❷ − ❸ = 3,742万6500円

❺ 法人税等

❹ × 33%（実効税率）= 1,235万745円

❻ 2期合計の法人税等

Ⓐの事業年度 + Ⓑの事業年度 = 1,417万8210円

4パターン法人税等の比較

・決算期を変更しなかった場合
　　= 1,649万760円
・決算期を変更した場合で、Ⓐの事業年度で減価償却費を計上した
　場合
　　= 1,587万9542円
・決算期を変更した場合で、Ⓐの事業年度で減価償却費を計上しな
　い場合
　　= 1,569万6210円

・決算期を変更した場合で、Ⓐの事業年度で減価償却費を計上せず、Ⓑの事業年度で経営セーフティ共済を最大限に掛けた場合
= 1,417万8210円

94ページからここまで、物件の売却により売却益が発生した場合の対応策をお伝えしてきました。

決算期の変更をすることなく、特に経営セーフティ共済に加入することもしない場合と、**すべての対応策を行った場合とでは231万円も法人税等の支払いが変わりました。**

売却益などの大きな利益を圧縮する際は、意識して**いろいろな合わせ技を用いるとよい**と思います。

さらに経営セーフティ共済を利用して、税金を取り戻す

経営セーフティ共済を利用して売却益の圧縮につなげ、法人税等を節税する方法をお伝えしましたが、このあと、経営セーフティ共済を使ったさらにお得なやり方を説明します。

先ほどは、2021年の12月に物件を売却し、経営セーフティ共済を460万円掛けることで2022年11月期の決算が終わりました。

今から説明するのは、そのあとの2023年11月期の事業年度のことになります。

たとえば、2021年12月に物件を売却したあと、翌期の2023年11月末まで別の物件の購入をしなかったとします。収益物件を購入しなかったので、2023年11月期の事業年度では売上や経費はほとんど発生しないことになります。

ここで、**2023年の11月に、また前期前納として経営セーフティ共**

済を240万円支払います。

　2022年の11月に2022年11月から2023年10月までの1年分を支払っていますので、2023年11月の240万円は、2023年11月から2024年10月までの将来にわたる1年分を支払っていることになります。

　図3-10を見てください。

図3-10　2023年11月期の事業年度に支払う経営セーフティ共済

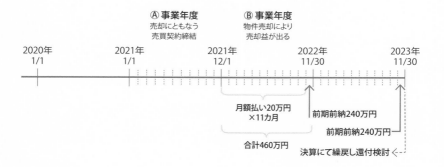

　2023年11月期の事業年度は売上や経費がなく、経営セーフティ共済による支出だけだったと仮定すると、経営セーフティ共済の掛金は全額経費になるので、単純計算でその期は240万円の赤字になるということです。

　この240万円の赤字を作り出すことによって、物件売却により売却益が発生した**2022年11月期（Ⓑの事業年度）の法人税を取り戻す**ことができます。

　なぜ前事業年度の法人税が翌期に取り戻せるのか疑問に思った方もいるでしょう。

　それは、**「欠損金の繰戻しによる還付」制度を適用する**からです。

欠損金の繰戻しによる還付とは？

「欠損金の繰戻しによる還付」とは、**前期において黒字で法人税を納付した法人が、経営悪化などさまざまな理由で今期赤字になってしまった場合、前期に納付した法人税の還付を請求することができる制度**です。

　これまで黒字経営だったけれど、今期は赤字を出してしまった。そんなときに、税務署に欠損金の繰戻しによる還付の申請をすると、前期に納付した法人税から今期の赤字に相当する法人税の一部を戻してもらえます。

適用要件
・連続して青色申告書を提出していること
・欠損事業年度の確定申告書を提出期限までに提出していること
・確定申告書と同時に還付請求書を提出すること

還付金額の計算は次のように行います。

還付金額 ＝

❶ 還付所得事業年度の法人税額 × $\dfrac{\text{❷ 欠損事業年度の欠損金額}}{\text{❸ 還付所得事業年度の所得金額}}$

具体的に計算してみましょう。

---

❶ 還付所得事業年度の法人税額　⇨　330万円
❷ 欠損事業年度の欠損金額　⇨　△900万円
❸ 還付所得事業年度の所得金額　⇨　1,000万円

$$330万円 \times \frac{900万円}{1,000万円} = 297万円$$

図3-11　欠損金の繰戻し還付

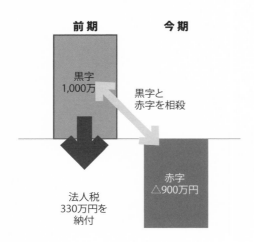

「欠損金の繰戻しによる還付」よりも**「欠損金の繰越控除」**のほうがなじみ深いかもしれません。欠損金の繰越控除は、赤字を翌年以降の利益と相殺する制度です。繰り越せる期間は、法人の場合、最大10年間です。

　翌期以降、黒字が出る見込みがあり、資金が豊富にあるのであれば、わざわざ繰戻し還付を適用せず、欠損金の繰越控除を適用してもよいでしょう。ただ、次にいつ物件購入ができるかわからないなど、**黒字になるか不確定な場合には、欠損金の繰戻し還付制度を適用して、いったん税金を取り戻しておいてもよい**と思います。なぜなら、繰戻し還付制度は1年前にしかさかのぼれないからです。

欠損金の繰戻しによる還付額をシミュレーション

　2023年11月に経営セーフティ共済を240万円掛けて、その事業年度の決算で欠損金の繰戻しによる還付を申請した場合、還付額がいくらになるか計算してみます。次の税率を適用します。

中小法人の場合の法人税率
- 800万円以下の所得については15％
- 800万円超の所得については23.2％

決算期を変更した場合で、Ⓐの事業年度で減価償却費を計上せず、Ⓑの事業年度で経営セーフティ共済を最大限に掛けた場合

■ Ⓑ 2021年12月1日〜2022年11月30日（12カ月の事業年度）■

❶ 物件保有による利益

家賃収入	$1,500万円 \times \dfrac{1カ月}{12カ月}$	＝125万円
固定資産税などの経費	$\triangle 375万円 \times \dfrac{1カ月}{12カ月}$	＝△31万2500円
支払利息		△21万1000円
利益		72万6500円

❷ 売却による利益

売却価額	1億8750万円
2021年12/1 期首簿価（土地）	△8,000万円
2021年12/1 期首簿価（建物）	△6,000万円
仲介手数料	△620万円
利益	4,130万円

❸ 経営セーフティ共済掛金

20万円×11カ月＋240万円＝460万円

❹ 利益合計

❶＋❷－❸＝3,742万6500円

❺ 法人税

・800万円以下の部分　⇨　800万円×15％＝120万円

・800万円超の部分　　⇨

　　　　（3,742万6500円－800万円）×23.2％＝682万6948円

合計＝802万6948円

繰戻し還付額

❶ 還付所得事業年度の法人税額

　802万6948円

❷ 欠損事業年度の欠損金額

　△240万円

❸ 還付所得事業年度の所得金額

　3,742万6500円

802万6948円 × $\dfrac{240万円}{3,742万6500円}$ ＝ 51万4733円

　この計算式を見てもらうとわかるとおり、欠損事業年度の欠損金額が240万円ではなく、3,742万6500円であれば、2022年11月期で発生した法人税802万6948円をすべて取り戻せることになります。

　ただし、**地方税についてはこの繰戻し還付の制度がありませんので、翌期以降に繰り越す**しかありません。

　今回の例では経営セーフティ共済の掛金のみでしたから、赤字は240

万円にとどまりました。

　しかし、もし2023年11月期の事業年度に**新たな収益物件を購入したなら、物件購入時の諸費用（登録免許税、司法書士報酬、不動産取得税など）や減価償却費を限度額まで最大限計上することによって、より大きな赤字とすることも可能**になります。その場合には、繰戻し還付による還付額も増加します。

3-3

毎期の法人の課税所得が800万円以下になるように減価償却費をコントロールして節税

法人の場合は、課税所得が800万円超と800万円以下で大きく税率が変わります。その税率差を頭に入れ、800万円程度の所得になるように減価償却費を調整します。将来に大きな影響がある対策です。

☑ 課税所得を800万円以下にする意味を理解する。
☑ 毎期800万円の所得を発生させて納税する意図をとらえ、実際の計算結果を確認する。

課税所得を800万円以下に調整する意味

　法人の場合は、法人の所得が800万円超になると実効税率が33％になるため、できる限り所得は800万円以下にしていくほうが低い税率での納税となります（96ページ）。

　そこで、**物件保有中は所得800万円以下の低い税率で納税しておきながら、物件売却した際に発生する売却益にも備える**といった方法があります。

　私たちの税理士法人のお客様のなかには、この方法を実践している方がいます。所得800万円以下は法人税等の税率が低いことを活かし、毎年所得を800万円程度にしています。減価償却限度額を全額計上すれば所得400万円以下になるのですが、あえて利益を出しています。もちろん、毎期の所得を800万円に持っていくことは減価償却費の計上額を調整（任意償却）すれば簡単にできることです。

　「なぜ800万円も利益を出して納税するのか？」と思ったかもしれません。

　それは、**近い将来にあるかもしれない、物件売却による売却益の発生を想定**しているからです。将来、物件売却した際に多額の売却益が発生したとすると、そのときは必ず所得800万円超になって高い税率での納

税になると予測しているわけです。

そのときに備えて、減価償却費を調整して、できる限り建物の簿価を高い金額で残すという狙いがあります。

2つのケースを比較して有効性を確認

毎期の法人の課税所得が800万円以下になるように減価償却費を調整することで、どのくらい節税できるのかを見ていきましょう。

次の2通りを比較することで確認してもらいます。

（1）2016年1月1日に物件を購入してから、毎期、減価償却限度額の200万円を計上した場合（96ページの図3-3の状況）
（2）2016年1月1日に物件を購入してから、毎期の法人の課税所得が800万円以下になるように減価償却費を調整した場合

応用編

（1）毎期、減価償却限度額の200万円を計上した場合

2016年1月1日から2021年12月31日までの6事業年度の法人税等を計算してみます。

家賃収入と固定資産税などの経費は一定としますが、支払利息は元利均等返済で年々減少させています。

2016年1月1日〜 2016年12月31日	
家賃収入	1,500万円
固定資産税などの経費	△375万円
減価償却費	△200万円
支払利息	△296万6000円
利益	628万4000円

628万4000円×23%＝144万5320円 ⇨ 法人税等

2017年1月1日～2017年12月31日

家賃収入	1,500万円
固定資産税などの経費	△375万円
減価償却費	△200万円
支払利息	△289万1000円
利益	635万9000円

635万9000円 × 23% ＝ 146万2570円　⇨　法人税等

2018年1月1日～2018年12月31日

家賃収入	1,500万円
固定資産税などの経費	△375万円
減価償却費	△200万円
支払利息	△281万5000円
利益	643万5000円

643万5000円 × 23% ＝ 148万50円　⇨　法人税等

2019年1月1日～2019年12月31日

家賃収入	1,500万円
固定資産税などの経費	△375万円
減価償却費	△200万円
支払利息	△273万8000円
利益	651万2000円

651万2000円 × 23% ＝ 149万7760円　⇨　法人税等

2020年1月1日〜2020年12月31日

家賃収入	1,500万円
固定資産税などの経費	△375万円
減価償却費	△200万円
支払利息	△265万9000円
利益	659万1000円

659万1000円 × 23% = 151万5930円 ⇨ 法人税等

2021年1月1日〜2021年12月31日

❶ 物件保有による利益

家賃収入	1,500万円
固定資産税などの経費	△375万円
支払利息	△257万8000円
利益	867万2000円

❷ 売却による利益

売却価額	1億8750万円
2021年1/1期首簿価（土地）	△8,000万円
2021年1/1期首簿価（建物）	△6,000万円
仲介手数料	△620万円
利益	4,130万円

❸ 利益合計

❶ + ❷ = 4,997万2000円

❹ 法人税等

❸ × 33%（実効税率） = 1,649万760円

6事業年度の法人税等合計 = 2,389万2390円

（2）毎期の法人の課税所得が800万円以下になるように減価償却費を調整した場合

この場合は、図3-12の状況になります。

図3-12　法人税の課税所得が800万円以下になるように減価償却費を調整

2016年1月1日〜2016年12月31日

家賃収入	1,500万円
固定資産税などの経費	△375万円
減価償却費	**△28万4000円（調整）**
支払利息	△296万6000円
利益	800万円

800万円×23％＝184万円　⇨　法人税等

2017年1月1日〜2017年12月31日

家賃収入	1,500万円
固定資産税などの経費	△375万円
減価償却費	**△35万9000円（調整）**
支払利息	△289万1000円
利益	800万円

800万円×23％＝184万円　⇨　法人税等

2018年1月1日〜2018年12月31日

家賃収入	1,500万円
固定資産税などの経費	△375万円
減価償却費	**△43万5000円（調整）**
支払利息	△281万5000円
利益	800万円

800万円×23％＝184万円　⇨　法人税等

2019年1月1日〜2019年12月31日

家賃収入	1,500万円
固定資産税などの経費	△375万円
減価償却費	**△51万2000円（調整）**
支払利息	△273万8000円
利益	800万円

800万円×23％＝184万円　⇨　法人税等

2020年1月1日〜2020年12月31日

家賃収入	1,500万円
固定資産税などの経費	△375万円
減価償却費	**△59万1000円（調整）**
支払利息	△265万9000円
利益	800万円

800万円×23％＝184万円　⇨　法人税等

2021年1月1日〜2021年12月31日

❶ 物件保有による利益

家賃収入	1,500万円
固定資産税などの経費	△375万円
支払利息	△257万8000円
利益	867万2000円

❷ 売却による利益

売却価額	1億8750万円
2021年1/1期首簿価（土地）	△8,000万円
2021年1/1期首簿価（建物）	△6,781万9,000円
仲介手数料	△620万円
利益	3,348万1000円

2021年1月1日　建物期首簿価

7,000万円 −（**28万4000円 − 35万9000円 − 43万5000円 − 51万2000円 − 59万1000円**）＝ 6,781万9000円

❸ 利益合計

❶＋❷＝4,215万3000円

❹ 法人税等

❸× 33%（実効税率）＝ 1,391万490円

6事業年度の法人税等合計 ＝ 2,311万490円

（1）毎期、減価償却限度額の200万円を計上した場合
　　＝2,389万2390円
（2）毎期の法人の課税所得が800万円以下になるように
　　減価償却費を調整した場合
　　＝2,311万490円
　その差＝78万1900円

　計算結果から明らかなように、**法人の場合は、所得が800万円超か800万円以下であるかを意識**しながら不動産経営をするとよいと思います。

　そして、収益物件の保有中は、その年だけでなく将来行われる売却も十分視野に入れて経営すれば、お金の残り方が変わってくるはずです。

　この3-3で説明した節税方法に加え、94ページの3-1や105ページの3-2の方法を織り交ぜるとより節税効果が発揮されることになります。

応用編

3-4

簡便法ではなく、見積耐用年数を使うことで節税

中古物件の耐用年数を決定するにあたり、実務では「簡便法」が主流ですが、実際にあと何年使用できるかを見積もれるのであれば別の方法を使うこともできます。

☑ 見積耐用年数とは何か理解する。
☑ どのような場合に見積耐用年数を使うとよいか、実際の計算結果と照らし合わせて理解する。

耐用年数を見積もるには？

第2章のはじめに、中古の耐用年数の計算方法として **「簡便法」** を説明しました（49ページ）。簡便法は、耐用年数の計算を簡単に行うための方法です。

実は、この簡便法を使う前提条件が一応あります。それは、**「その中古資産の使用可能期間の見積もりが困難である」** ことです。

もし、中古資産の今後の使用可能期間を何らかの方法で見積もることができるのであれば、その期間を耐用年数とすることができます。

一方で、何らかの方法で見積もることができない場合は、簡便法で簡単に計算して、その耐用年数を使えばよいということです。

実務では、いちいち使用可能期間を見積もることは難しいので簡便法が主流であるといえます。

ここで、「そもそも使用可能期間を見積もる何らかの方法があるのか？」と疑問が浮かんだと思います。

実際にあと何年使用することができるかを合理的に見積もるためには、

❶ 中古資産の使用状況、損耗割合などの具体的な資料をもとに算出する方法

❷ 技術者などの鑑定をもとに見積もる方法

があります。

　たとえば、中古資産が車両であれば、自動車ディーラーを訪ねて見積もってもらうことになります。収益物件の場合は、やはり不動産鑑定士にお願いして、不動産鑑定評価書を作成してもらう必要があります。

　自分で見積もるのではなく、第三者の目を通して客観的な立場から見積もらなければ合理的ではなくなってしまうので注意してください。

　そうはいっても、使用可能期間を見積もるために不動産鑑定評価書を作成してもらえば結構費用がかかってしまいます。少なくとも鑑定評価書作成料として20万円以上はかかるでしょう。

　それくらいの費用が発生したとしても、不動産鑑定評価書でお墨付きをもらい、「見積耐用年数」を耐用年数として処理することが投資家にとってメリットになるケースもあります。

見積耐用年数を使うとよい場合

　法人の場合は任意償却ですから、耐用年数自体は減価償却限度額を算定するための年数であって、耐用年数内にすべての減価償却費を計上しなければならないわけではありませんでした。法人は限度額の範囲で減価償却費をコントロールできてしまうので、**法人よりは、強制償却しか適用できない個人に向いている**と考えられます。

　たとえば、法定耐用年数が22年の中古木造の収益物件をイメージしてください。

築年数が25年だとすると、簡便法であれば、22年×20％＝4年 になります。

　強制償却である個人は、必ず4年で償却してしまわなければならないので、5年目に建物の減価償却費を計上することはできません。

　一方、合理的に見積もることができて、見積耐用年数がたとえば10年となれば、毎年の減価償却費の計上金額が変わるのと同時に、5年目の簿価も変化していきます。

　簡便法ではなく、**あえて見積耐用年数を使うことによって、物件保有中から売却までのトータルの税金を節税できる場合がある**のです。

簡便法と見積耐用年数を比較する

　簡便法ではなく見積耐用年数を使うことによって、物件保有中から売却までのトータルの税金を本当に節税することができるのか、実際に計算してみます。

　収益物件として、94ページ、96ページで例に挙げた内容の一部を追加変更します。

図3-13　物件概要

購入者	個人（青色申告者）
購入年月日	2016年1月1日
購入価額	1億5000万円（土地8,000万円、建物7,000万円）
物件構造	鉄筋コンクリート　10室
築年数	築33年
借入金額	1億5000万円
借入期間	30年

借入金利	2%（固定金利）
返済方法	元利均等返済
家賃年収	1,500万円（表面利回り10%） ※家賃下落、空室なしで一定とする。
固定資産税などの経費	家賃年収の25%（一定とする）
簡便法の耐用年数	20年 毎期の減価償却限度額 ⇨ 7,000万円÷20年＝350万円
見積耐用年数	28年 毎期の減価償却限度額 ⇨ 7,000万円÷28年＝250万円

※個人ではこの物件しか保有しておらず、不動産所得しかないものとします。
※所得控除は2016年〜2019年までは基礎控除38万円のみとし、税額控除はないものとします。
※法改正によって、2020年は合計所得金額が2,400万円以下の場合、基礎控除が48万円になりますが、2,500万円超の場合、基礎控除はゼロ円になります。この点も加味して計算します。

合計所得金額の定義

「**合計所得金額**」とは、配当所得、不動産所得、事業所得、給与所得、雑所得（公的年金などにかかる所得など）などの「総合所得」を合計した金額のことをいいます。純損失または雑損失などの繰越控除を適用する前の金額です。

　合計所得金額には、土地・建物の譲渡所得などの分離所得も含まれます。

応用編

図3-14　売却概要

売買契約書締結日	2020年11月1日
引き渡し日（所有権移転日）	2020年12月31日
売却価額	1億8750万円（売却利回り8%）
売却にともなう仲介手数料	620万円
譲渡所得区分	短期譲渡

簡便法を利用した場合

　2016年1月1日から2020年12月31日までの5年分の所得税と住民税を計算してみます。

　計算式と一緒に図3-15を見てください。

図3-15　簡便法を利用した場合の減価償却費

2016年1月1日〜2016年12月31日

家賃収入	1,500万円
固定資産税などの経費	△375万円
減価償却費	△350万円
支払利息	△296万6000円
青色申告特別控除	△65万円
不動産所得	413万4000円

課税所得 ＝ 413万4000円 － 基礎控除38万円 ＝ 375万4000円

⇨　375万4000円 × 30％ － 42万7500円 ＝ 69万8700円

※30％＝住民税率10％＋所得税率20％

　税額は、図3-16の速算表を使って計算しています。

図3-16　所得税の速算表

課税される所得金額	所得税率	控除額
1,000円から194万9000円まで	5%	0円
195万円から329万9000円まで	10%	9万7500円
330万円から694万9000円まで	20%	42万7500円
695万円から899万9000円まで	23%	63万6000円
900万円から1,799万9000円まで	33%	153万6000円
1,800万円から3,999万9000円まで	40%	279万6000円
4,000万円以上	45%	479万6000円

2017年1月1日〜2017年12月31日

家賃収入	1,500万円
固定資産税などの経費	△375万円
減価償却費	△350万円
支払利息	△289万1000円
青色申告特別控除	△65万円
不動産所得	420万9000円

課税所得 ＝ 420万9000円 － 基礎控除38万円 ＝ 382万9000円

➡　382万9000円 × 30% － 42万7500円 ＝ 72万1200円

2018年1月1日〜2018年12月31日

家賃収入	1,500万円
固定資産税などの経費	△375万円
減価償却費	△350万円
支払利息	△281万5000円
青色申告特別控除	△65万円
不動産所得	428万5000円

課税所得 ＝ 428万5000円 － 基礎控除38万円 ＝ 390万5000円

⇨　390万5000円 × 30% － 42万7500円 ＝ 74万4000円

2019年1月1日〜 2019年12月31日

家賃収入	1,500万円
固定資産税などの経費	△375万円
減価償却費	△350万円
支払利息	△273万8000円
青色申告特別控除	△65万円
不動産所得	436万2000円

課税所得＝436万2000円－基礎控除38万円＝398万2000円

⇨　398万2000円×30%－42万7500円＝76万7100円

2020年1月1日〜 2020年12月31日

❶ 物件保有による利益

家賃収入	1,500万円
固定資産税などの経費	△375万円
減価償却費	0円
支払利息	△265万9000円
青色申告特別控除	△65万円
不動産所得	794万1000円

課税所得＝794万1000円－基礎控除0円＝794万1000円

⇨　794万1000円×33%－63万6000円＝198万4530円

※33%＝住民税率10%＋所得税率23%
※合計所得金額（不動産所得＋譲渡所得）が2,500万円超のため、基礎控除はゼロ。

❷ 売却による利益

売却価額	1億8750万円
2020年1/1 期首簿価（土地）	△8,000万円
2020年1/1 期首簿価（建物）	△5,600万円
仲介手数料	△620万円
譲渡所得	4,530万円

⇨ 4,530万円 × 39％ ＝ 1,766万7000円

※39％＝住民税率9％＋所得税率30％

2020年1月1日　建物期首簿価

7,000万円 －（毎期の減価償却限度額350万円 × 4年）＝ 5,600万円

❸ 税金合計

❶ ＋ ❷ ＝ 1,965万1530円

5年間の所得税、住民税合計 ＝ 2,258万2530円

見積耐用年数を利用した場合

　今度は見積耐用年数を使って、2016年1月1日から2020年12月31日までの5年分の所得税と住民税を計算してみます。

　計算式と一緒に図3-17を見てください。

図3-17　見積耐用年数を利用した場合の減価償却費

2016年1月1日〜2016年12月31日

家賃収入	1,500万円
固定資産税などの経費	△375万円
減価償却費	△250万円
支払利息	△296万6000円
青色申告特別控除	△65万円
不動産所得	513万4000円

課税所得 ＝ 513万4000円 － 基礎控除38万円 ＝ 475万4000円

⇨　475万4000円 × 30% － 42万7500円 ＝ 99万8700円

※30% ＝ 住民税率10% ＋ 所得税率20%

2017年1月1日〜2017年12月31日

家賃収入	1,500万円
固定資産税などの経費	△375万円
減価償却費	△250万円
支払利息	△289万1000円
青色申告特別控除	△65万円
不動産所得	520万9000円

課税所得 ＝ 520万9000円 － 基礎控除38万円 ＝ 482万9000円

⇨　482万9000円 × 30% － 42万7500円 ＝ 102万1200円

2018年1月1日〜2018年12月31日

家賃収入	1,500万円
固定資産税などの経費	△375万円
減価償却費	△250万円
支払利息	△281万5000円
青色申告特別控除	△65万円
不動産所得	528万5000円

課税所得 ＝ 528万5000円 － 基礎控除38万円 ＝ 490万5000円

　⇨　490万5000円 × 30% － 42万7500円 ＝ 104万4000円

2019年1月1日〜2019年12月31日

家賃収入	1,500万円
固定資産税などの経費	△375万円
減価償却費	△250万円
支払利息	△273万8000円
青色申告特別控除	△65万円
不動産所得	536万2000円

課税所得 ＝ 536万2000円 － 基礎控除38万円 ＝ 498万2000円

　⇨　498万2000円 × 30% － 42万7500円 ＝ 106万7100円

2020年1月1日〜2020年12月31日

❶ 物件保有による利益

家賃収入	1,500万円
固定資産税などの経費	△375万円
減価償却費	0円
支払利息	△265万9000円
青色申告特別控除	△65万円
不動産所得	794万1000円

課税所得 ＝ 794万1000円 － 基礎控除0円 ＝ 794万1000円

　⇨　794万1000円 × 33% － 63万6000円 ＝ 198万4530円

※33% ＝住民税率10% ＋所得税率23%
※合計所得金額（不動産所得＋譲渡所得）が2,500万円超のため、基礎控除はゼロ。

❷ 売却による利益

売却価額	1億8750万円
2020年1/1 期首簿価（土地）	△8,000万円
2020年1/1 期首簿価（建物）	△6,000万円
仲介手数料	△620万円
譲渡所得	4,130万円

$\Rightarrow$　4,130万円 × 39％ ＝ 1,610万7000円

※39％＝住民税率9％＋所得税率30％

2020年1月1日　建物期首簿価

7,000万円 － （毎期の減価償却限度額250万円 × 4年）＝ 6,000万円

❸ 税金合計

❶ ＋ ❷ ＝ 1,809万1530円

5年間の所得税、住民税合計 ＝ 2,222万2530円

簡便法を利用した場合 ＝ 2,258万2530円
見積耐用年数を利用した場合 ＝ 2,222万2530円
その差 ＝ 36万円

個人が5年以内に売却した場合は**短期譲渡所得**になります。

短期譲渡所得の税率は、所得税＋住民税合計で39％とかなり高くなりますので、**39％の税率がかかる部分を少なくすることで節税**になっています。

当初から、このように売却価額が確定しているわけではありませんか

ら、なかなか最初から見積耐用年数を利用して申告する方は少ないと思います。

　ただ、**短期譲渡で売却益が大きく発生することがわかっているようなケースや、簡便法の耐用年数よりも長い（もしくは短い）年数で減価償却費を計上していきたい**と考えているような場合は、見積耐用年数を検討してみる価値があることを覚えておいてください。

3-5

物件ごとに減価償却費の計上を検討することで節税

1法人1棟ではなく、1法人で複数棟をお持ちの投資家も多いでしょう。複数棟を保有している場合には、減価償却費の計上について検討すべき事項が増えます。

☑ **物件ごとに計上額を検討しなければならないことを理解する。**
☑ **できるだけ先を見通して、物件の特徴も加味して検討する。**

複数の収益物件を保有している法人の場合

これまでは、1つの法人のなかに1つの物件しか保有していないという例で説明してきました。しかし、1つの法人のなかに複数棟を保有していることも珍しくありません。

1つの物件であれば、その物件の減価償却費についてのみ検討すればよかったですが、**何棟も保有している場合には、その物件ごとに減価償却費をいくら計上するか検討**しなければならないことになります。

減価償却費をどう振り分けていくか

図3-18を見てください。

たとえば、ある法人が、物件Aと物件Bと物件Cの合計3棟を保有していたとします。

それぞれの物件の減価償却限度額が100万円だったとします。減価償却限度額を最大限に活用するのであれば、最大で300万円の減価償却費を今期計上することができます。

ここで、先を見通して利益状況をシミュレーションし検討した結果、今期150万円の減価償却費を計上することが決まったとします。

今期の減価償却費を
150万円計上すること
が決まったものの、ど
の物件の減価償却費を
計上していくかを、こ
こで検討しなければい
けません。

図3-18　複数棟保有法人

図3-19　複数棟の場合の減価償却費の計上の仕方

	例1		例2
物件A	100万円	物件A	50万円
物件B	50万円	物件B	50万円
物件C		物件C	50万円

図3-19の **例1** を見てください。

物件Aの減価償却費は全部計上し、物件Bは半分、物件Cはゼロと
なっています。物件Cは近いうちに高値で売却が決まっているので、減
価償却費を温存して簿価を高くキープしようとして、1円も減価償却費
を計上しませんでしたが、逆に物件Aは長期的に保有するので減価償却
費を全額計上した、というようなケースが想定されます。

図3-19の **例2** では、3つの物件でまんべんなく減価償却費を計上
しています。

長期的に保有するかどうか決まっていなかったり、売却の予定もない
ようなケースが想定されます。もちろん、**今後の物件の保有期間だけで
なく、耐用年数や構造にも注目して検討**してみるとよいでしょう。

法人が複数棟保有している場合、どの物件からいくらの減価償却費を

計上するかの具体的な考え方は、第2章で説明した次の方法を用いて、それぞれの物件ごとに検討してみてください。

借入の返済期間と同じ年数で償却していく方法 ⇨ 56ページ
建物附属設備も建物と同じ耐用年数と考えて使う方法 ⇨ 61ページ
キャッシュフローを安定させられる方法 ⇨ 73ページ
売却を見据えて使う方法 ⇨ 81ページ

上記以外の考え方として、物件の特徴を加味して検討することもあります。

例❶ 築古で、何年後かに取り壊して新築を検討すべき物件の場合

何年かあとに取り壊すのであれば、その物件の減価償却費は減価償却限度額を最大限に計上してもいいかもしれません。

なぜなら、**物件保有中に減価償却費をずっと計上せずに取り壊しの際に建物の簿価が残ったとしても、会計上は取り壊し時に、その簿価を全額「建物除却損」という勘定で費用化**してしまうからです。

取り壊し時に発生する取り壊し費用も、この場合には全額経費として計上でき、かなりの額になりますので、あえて建物の簿価を残す必要はないのかもしれません。

例❷ 新築RC物件の場合

居住用の新築RCの建物は、耐用年数が47年となっています。取得価額×償却率 の定額法を使って計算される減価償却限度額が47年間も継続することになるわけです。

逆に考えると、47年間にわたって償却費を計上するということは、年数が長い分、1年あたりの償却額はそれほど大きくないとも考えられます。こういう場合には、減価償却限度額を最大限に計上してもいいかもしれません。

第**4**章

上級編
不動産投資家なら知っておきたい
減価償却費のオプション

4-1

個人の物件を法人に売却するときは
売価次第で減価償却費が変わる

個人の物件を法人に売却することを「法人化」といいます。一言で法人化といっても、段取りや検討事項がたくさんあり、そのなかでも売却価格が非常に重要になります。売却価格によって減価償却費の金額も変わってきます。

☑ **法人化の意味、考え方、段取りなどを総合的に理解する。**
☑ **売却価格の重要性と算定方法を確認し、減価償却に関わる節税を理解する。**

個人所有の物件を法人に売却する「法人化」とは？

　個人名義の収益物件を、第三者ではなく、自分の所有するプライベートカンパニー（同族法人）へ売却することがあります（**法人化**）。なぜ、わざわざ自分の法人に売却するのでしょうか。

　理由はさまざまあります。

　たとえば、理由の1つとして、**事業承継を考えている場合**です。

　個人所有では、相続が発生するたびに遺産分割協議を経て相続登記をしなければなりませんが、法人名義にすることによって、そのような登記がなくなり、株式を引き継がせることで事業承継が可能になります。

　理由の2つ目としては、**高値で売却が見込める場合**です。個人名義のまま第三者に売却してしまうと、売却益を圧縮する手段がほとんどありません。しかし、いったん法人に売却しておいて、その数年後に売り時を見計らって高値で売却すると、法人で発生した売却益について、さまざまな節税対策を検討・実行することが可能になります。

　そして、上記以外でもっとも多い理由は、**個人の所得税、住民税の節税のため**です。

　法人に収益物件を移すことでなぜ所得税、住民税の節税になるのか詳しく説明していきます。

法人化で所得税、住民税を節税できるわけ

図4-1を見てください。

図4-1　サラリーマン大家（兼業大家）の所得 所得税

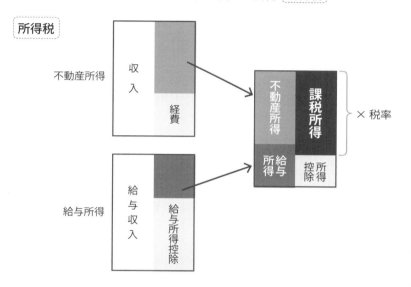

サラリーマン大家（兼業大家）の場合なら、給与収入がもともとあります。給与収入から給与所得控除を引いた残りが「給与所得」になります。

収益物件を所有していると、給与所得に加えて「不動産所得」が発生します。不動産収入から経費を引いた残りが不動産所得です。

この給与所得と不動産所得を合算した額から所得控除を差し引くと「課税所得」が残ります。この課税所得に対して、所得税率と住民税率が掛け算されます。

税率は、148ページの図4-2のとおり、課税所得金額に応じて変わります。

図4-2　所得税の速算表

課税される所得金額	所得税率	控除額
1,000円から194万9000円まで	5%	0円
195万円から329万9000円まで	10%	9万7500円
330万円から694万9000円まで	20%	42万7500円
695万円から899万9000円まで	23%	63万6000円
900万円から1,799万9000円まで	33%	153万6000円
1,800万円から3,999万9000円まで	40%	279万6000円
4,000万円以上	45%	479万6000円

　図4-2の所得税の税率に、住民税の税率10%がプラスされます。

　たとえば、個人ですでに課税所得が350万円あり、不動産所得が300万円発生するなら、その不動産所得に対する税金は、 300万円 × （所得税20％＋住民税10％） ＝ 90万円 かかることになります。課税所得が 350万円 ＋ 300万円 ＝ 650万円 になりますから、課税される所得金額のうち「330万円から694万9000円まで」の範囲に入ります。その範囲ですと、 所得税率20％ ＋ 住民税率10％ で30％ということになります。

　300万円の所得が発生する収益物件を、個人ではなく法人で所有したとすると、図4-3のようになります。

図4-3　収益物件を法人で所有した場合 法人税

法人の場合も課税所得に対して税率が掛けられます。税率は、図4-4のとおりになります。

図4-4　法人税実効税率（住民税、事業税、地方法人特別税を含む）

課税される所得金額	税率
400万円以下	21%
400万円超〜800万円以下	23%
800万円超	33%

法人で300万円の課税所得であれば、税率21％なので 300万円 × 21％ ＝ 63万円 の法人税等になります。

個人では、90万円の所得税、住民税が発生するのに対し、法人では63万円となるので、**その差額の27万円も節税できる**ことになります。

つまり、**法人で収益物件を所有したほうが個人と法人の税率差分だけ節税になるため、法人化をするケースが多い**のです。

法人化するための段取り

個人で所有している収益物件を法人に売却する法人化は、節税になる可能性があることを理解してもらえたと思います。

法人化を実行に移そうとするときには一定の段取りが必要になります。

❶ 借入先の金融機関へ、法人化に関する融資が可能か確認

⬇

❷ 法人化による移転コスト（諸費用）を計算

⬇

❸ 簿価、売価、残債のバランスを確認

⬇

上級編

❹ 売価の確定

⇩

❺ 売買契約書の作成、所有権移転日の確定

⇩

❻ 金融機関が法人へ融資実行、法人が個人へ売買代金支払い、個人が借入金を完済

「借入先の金融機関へ、法人化に関する融資が可能か確認」については、まずは現在の金融機関担当者に相談してください。金融機関によって非常に積極的な場合もありますし、逆に法人へは融資しないケースもあります。もし法人に融資してもらえない場合は、別の銀行に打診してみるしかありません。

いずれにせよ、法人化をしたいと相談した場合、「なぜ法人化をしたいのか？」という話になります。その際は、節税効果の高さなど、きちんとした根拠資料をもとに説明をしなければなりませんので、**相談する前にあらかじめどの程度節税になるのかを試算してみてください。**

試算の仕方としては、このまま個人で収益物件を保有し続けた際の所得税、住民税の合計額を10年分算定します。そして、収益物件を法人に売却した場合の法人税と、売却して物件を保有していない個人の所得税、住民税の合計額を10年分算定します。この両者を比較することで、節税効果が証明できるでしょう。

もう1つ、金融機関は法人化に関する融資について、**基本的に法人に移転する時点の個人の残債を引き継ぐ形で融資することになる**点もおさえておいてください。

法人化による移転コストを計算する

収益物件を個人から法人に売却すると、個人と法人側で移転コスト（諸費用）が発生します。

どのような諸費用が発生するか、移転前から概算金額を確認しておく必要があります。

❶ 登録免許税（所有権移転）
❷ 不動産取得税
❸ 登録免許税（抵当権再設定）
❹ 登録免許税（抵当権の抹消登記）　⇐　個人負担
❺ 司法書士報酬
❻ 金融機関の事務手数料
❼ 繰上返済による違約金　⇐　個人負担
❽ 売買契約書印紙代

❺・❻・❼については、司法書士や金融機関によって異なりますので、それぞれに確認が必要です。

❼の違約金については、違約金が発生する場合としない場合があるので、まずは金融機関へ確認してみてください。私の経験では、発生する場合は、繰上返済される金額の1％とか2％といった額になることが多いです。

❽の売買契約書の印紙代については、売価が確定すれば自動的に印紙税を計算できます。

❶～❹については、計算式を記載しますので確認してください。

❶ 登録免許税（所有権移転）
　建物　⇒　固定資産税評価額 × 2％
　土地　⇒　固定資産税評価額 × 1.5％
❷ 不動産取得税
　建物　⇒　固定資産税評価額 × 3％
　土地　⇒　固定資産税評価額 × $\dfrac{1}{2}$ × 3％

❸ 登録免許税（抵当権再設定）

債権金額 × 0.4％

❹ 登録免許税（抵当権の抹消登記）

1,000円／不動産

　たとえば、固定資産税評価額が建物1億円、土地1億円で、借入額が2億円の場合なら次のようになります。

```
登録免許税
建物  ⇨  1億円 × 2％ ＝ 200万円
土地  ⇨  1億円 × 1.5％ ＝ 150万円
```

```
不動産取得税
建物  ⇨  1億円 × 3％ ＝ 300万円
土地  ⇨  1億円 × 1/2 × 3％ ＝ 150万円
抵当権再設定  ⇨  2億円 × 0.4％ ＝ 80万円
```

　合計880万円の税金が発生することがわかります。

　これらの移転コストはバカにならない金額ですので、事前にチェックが必要です。

　法人化によって節税になるとしても、移転コストが大きな金額になる場合、その移転コストを支払っても法人化すべきかを検討しなければなりません。つまり、**移転コストを毎年の節税額で割ることによって、移転コストが何年で回収できるかを計算するということです。早期に回収できるのであれば問題ありませんが、10年以上もかかるとなると再検討が必要かもしれません。**

簿価・売価・残債のバランスを確認する

移転コストを確認したあとは、「簿価・売価・残債」のバランスをチェックしていきます。

簿価……個人で所有している物件の建物と土地の帳簿簿価
売価……個人から法人に売却する売買価格
残債……法人に売却する時点の個人の残債金額

この3点を確認するのは、お金の流れと売却損益を確認するためです。

例❶ 簿価9,000万円・売価1億円・残債9,000万円の場合

図4-5 例❶のお金の流れ

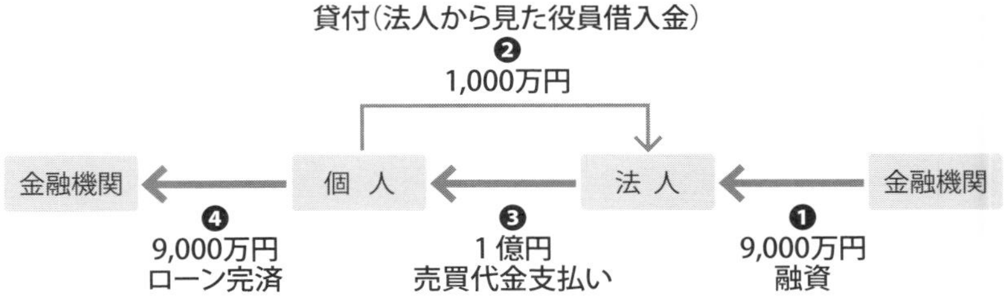

貸付（法人から見た役員借入金）
❷
1,000万円

金融機関 ← 個 人 ← 法 人 ← 金融機関
❹ ❸ ❶
9,000万円 1億円 9,000万円
ローン完済 売買代金支払い 融資

上級編

■ お金の流れについて■

法人に融資が実行され、法人の口座に9,000万円の現金が入ってきます（❶）。

そのお金をもとに、個人に売価の1億円を支払います。このとき、不足している1,000万円については法人に現金がない場合、社長が法人に対して1,000万円を貸し付け、合計1億円にして個人に売買代金を支払うことになります（❷・❸）。

売買代金を受け取った個人は、金融機関に9,000万円を支払って完済し、手元に1,000万円残ることになります（❹）。

法人の貸借対照表には、役員借入金という負債が1,000万円計上されている状態になります。

■ 売却損益について ■

売価（1億円）− 簿価（9,000万円）= 1,000万円発生することになります。

例❷ 簿価1億円・売価1億円・残債1.1億円の場合

図4-6　例❷のお金の流れ

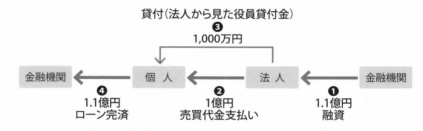

■ お金の流れについて ■

法人に融資が実行され、法人の口座に1.1億円の現金が入ってきます（❶）。

そのお金をもとに、個人に売価の1億円を支払います（❷）。

売買代金を受け取った個人は、金融機関に1.1億円を支払って完済したいところですが、1,000万円不足してしまいます。法人は1.1億円の融資を受けて1億円しか個人に支払っていないので、法人の口座には1,000万円残っていることになります。そこで、この1,000万円を個人に貸し付けます（❸）。

1,000万円を借りた個人は、売買代金の1億円と合わせて金融機関に1.1億円を完済します（❹）。

法人の貸借対照表には、役員貸付金という資産が1,000万円計上されている状態になります。

■ 売却損益について ■

売価（1億円）－ 簿価（1億円）＝ 0円なので損益は発生しません。

ここで気を付けたいのは、例❷のように**役員貸付金が資産に計上される場合、法人は役員から利息を徴収する必要がある**ことです。会社は営利を目的として事業を行っているからです。

一方で、例❶のように役員借入金が負債に計上される場合は、特に利息については気にする必要はありません。

売価を確定する

先ほどの「簿価・売価・残債」のバランスをチェックする際に、簿価と残債についてはすでに確定しているわけですから、一番重要なポイントになるのは「売価」です。

赤の他人同士で行われる取引であれば、双方が合意した金額で売買がなされるので、売価がいくらであっても問題は生じません。

しかし社長個人と、その社長が経営する会社間の売買となると話が変わってきます。

もちろん、社長と会社（法人）は法的には別人格として扱われますが、事実上、社長個人が自由に売買価格などの取引条件を決めることが可能な状況下にあるため、「適正な価格」で売買しなければならないことになっています。

ここでいう**「適正な価格」とは「時価」**のことです。

この時価から大きくかけ離れた金額で売買していないかどうか、税務署は厳しくチェックを行います。租税回避と疑われる可能性を極力減らさなければなりません。

上級編

この重要な時価をどのように調べればよいか。大きく分けて方法は3つです。

不動産会社の無料査定

不動産会社は不動産の売買を目的としているので、査定は無料で行ってくれます。不動産会社の査定方法は会社によって変わりますので、複数の会社に査定してもらい、そのなかから判断する必要があります。

相続税路線価、固定資産税評価額

相続税路線価は、相続税や贈与税を計算するために国税庁が公表している路線価です。**土地については、相続税路線価から計算して求めた価格を0.8で割り戻した価格が時価に近い**といわれています。**建物については、固定資産税評価額を0.7で割り戻した価格が時価に近い**といわれています。

不動産鑑定士による評価

不動産鑑定士に鑑定を依頼します。不動産鑑定評価書を作成してもらい、その評価書は根拠資料として税務署に提出することができます。ただし、10万円〜40万円程度の費用がかかります。

これらの方法で時価を算定することで売買価格を決定していきます。

売価次第で減価償却費が変わる

時価を算定し、売買価格が決定したら、**建物の簿価**と**建物の売価**に注目してください。

建物の簿価が9,000万円で、建物の売価が1億円とすると、売却益が1,000万円発生します。

長期譲渡所得だとすると、1,000万円 × 20.315％（所得税

15.315％ ＋ 住民税5％）＝ 203万1500円 の税金が発生します。

　売価が高いため売却益が発生して税金を支払うことになると、大きな
デメリットのように感じますが、実はそうでもありません。

　なぜなら、**法人のほうでは建物を1億円で購入するわけですから、1
億円を取得価額として減価償却費の計算ができるので、法人で計上でき
る減価償却費の金額は増える**ことになります。

　**もし法人の利益として800万円超の利益が発生するのであれば、実
効税率が33％になります。個人の長期譲渡所得税率20.315％との差
額、約13％程度は節税になる**と考えられます。

図4-7　売価による影響

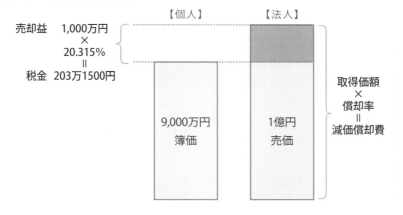

【個人】　　　【法人】

売却益　1,000万円
×
20.315％
＝
税金　203万1500円

9,000万円
簿価

1億円
売価

取得価額
×
償却率
＝
減価償却費

上級編

　ここで、法人化に関する実例を挙げます。

　個人のAさんは、平成22（2010）年に購入した収益物件（土地の簿
価2,000万円、建物の簿価3,000万円）を保有していました。

　令和2（2020）年にAさんの出資によりA法人を設立し、個人の収
益物件を法人に売却しようと考えました。

　個人から法人に売却する際の売却価格は「時価」が基本となりますの
で、不動産鑑定により令和2年の時価を鑑定してもらった結果、土地は
時価3,000万円、建物は時価4,000万円ということが判明し、その価格

で売却することになりました。

この場合の個人の譲渡所得の計算は次のようになります。

土地　⇨　譲渡収入3,000万円 － 簿価2,000万円 －

特別控除1,000万円 ＝ 0

建物　⇨　譲渡収入4,000万円 － 簿価3,000万円 ＝ 1,000万円

譲渡所得税　⇨　1,000万円 ×

20.315%（所得税15.315% ＋ 住民税5%）＝ 203万1500円

「特別控除」を適用できるため、土地の譲渡所得はゼロになりました。

この特別控除は、「平成21年及び平成22年に土地を取得した場合の1,000万円特別控除」（租税特別措置法第35条の2）といいます。

簡単にいうと、**平成21（2009）年もしくは平成22（2010）年に購入した土地であれば、平成28（2016）年以降の売却により土地の売却益が出たとしても最大1,000万円まで売却益から控除してもらえる**というものです。

図4-8　1,000万円特別控除

適用対象者	平成21年1月1日から平成22年12月31日までに国内の土地を取得した個人で、譲渡した年の1月1日時点で5年超保有した場合
控除額	1,000万円
土地の範囲	・国内の土地に限定 ・居住用、事業用いずれの土地の場合も対象になる
取得先の制限	・配偶者、直系血族、同一生計親族、同族会社から取得した土地は適用対象外 ・相続、遺贈、贈与および交換により取得した土地は適用対象外

売却先の制限	特になし
1,000万円控除の制限	同一暦年ごとに1,000万円が限度
併用不可の特例	・居住用財産の譲渡の3,000万円の特別控除 ・収用等の場合の5,000万円の特別控除 ・各種交換、買い替え特例

図4-9　適用対象期間

土地取得	保有が必要な期間					売却可能期間		
平成21年	平成22年	平成23年	平成24年	平成25年	平成26年	平成27年	平成28年	平成29年

土地取得	保有が必要な期間					売却可能期間		
平成22年	平成23年	平成24年	平成25年	平成26年	平成27年	平成28年	平成29年	平成30年

　この特例を利用して第三者に売却するのも1つですが、**この特例には取得先の制限はあっても、売却先の制限はありませんので、自身の法人を設立してその法人に売却するときにも使えます。**

　物件を法人所有にしたあと、数年後、第三者に売却する際には土地の簿価が個人で購入したときより高くなっているので譲渡益も出にくくなります。

　先ほどの例でいうと、平成22（2010）年に購入したときは、土地は2,000万円ですが、令和2（2020）年に法人が3,000万円で購入しますので、次に法人が第三者に売却するときは、売価から簿価3,000万円を控除して売却益を計算することになります。

上級編

金融機関は減価償却費をコントロールした
決算申告書を好むのか?

不動産投資において重要な金融機関からの融資。融資してもらえないと物件を購入できないことが多いものです。融資を受けやすくするために、決算で計上する減価償却費の額をどのように考えるべきか説明します。

☑ 減価償却費などについて金融機関の考え方や評価を知る。
☑ 金融機関が融資したくなる決算申告書がどのようなものかを知る。

金融機関はどこを見て評価(格付け)するのか

　法人の決算が終わると、融資を受けている金融機関に決算申告書を提出することが多いでしょう。

　決算申告書を受け取った金融機関は、申告書の内容を金融機関のシステムに入力し、評価（格付け）を行います。このことは皆さんもご存じと思います。

　この評価（格付け）がよければ、融資してもらいやすくなりますし、金利交渉もしやすくなります。逆に、評価（格付け）が悪いと、収益物件を買い増しすることはかなり難しくなります。

　法人の経営者の属性や人柄がとても素晴らしかったとしても、こちらが提出する決算申告書の内容が悪ければ、融資は厳しくなると思ってもらっていいでしょう。

　金融機関から見れば、

経営者の属性や人柄：決算申告書の内容 ＝ 50%：50%

くらいで総合的に判断していると思われます。

50％のウエイトを占めている決算申告書の内容について、金融機関はどのように考えて評価しているのか投資家にとって気になるところです。

　金融機関が、減価償却費の調整（コントロール）などをどのように評価しているのか、また、どのような決算申告書の内容であれば金融機関における評価がアップするのかを説明します。

金融機関が損益計算書で重視する項目

　損益計算書のなかには、「売上総利益」「営業利益」「経常利益」「税引前当期純利益」「当期純利益」がありますが、基本的には金融機関は**「経常利益」を重視**しているそうです。

　そのため、大規模修繕のように**臨時的突発的な支出の場合は、特別損益の項目に記載するほうが評価してもらいやすくなります。不動産取得税のような収益物件の購入後に1回しか発生しない臨時的費用の場合は、別途説明するのがよいでしょう。**法人の場合は、不動産取得税を資産計上できるので、そのような工夫も検討できます。

　経常利益を重視しているということは、臨時的な事由が発生しない限り、通常の経営でしっかりと利益が出ているかを見ているということです。

「接待交際費」「会議費」「雑費」の金額の多寡

　損益計算書に記載される「接待交際費」や「会議費」「雑費」の金額が大きくなったとしても**特に評価には影響しない**ということです。これらは税務署が目を光らせている点であり、金融機関はそれほど問題視していないようです。

法人から個人へ、役員報酬や地代として支払っている場合

　役員報酬や地代を法人から個人へ支払うと、それらは経費として処理しますから、その分利益は少なくなります。しかし、**役員報酬や地代は第三者に対する支出ではなく、お金が法人名義から個人名義に変わった**

だけととらえてくれるようです。

　そのため、**それらの経費は発生していないもの（つまり損益計算書に書かれている利益よりも大きい）として、その分を調整して評価してもらえる**のです。

減価償却費を調整している場合

　減価償却費は、法人の場合は任意償却により、減価償却限度額（取得価額×償却率）の全額を計上しなくてもよいことになっています。減価償却限度額の範囲内で減価償却費を調整して利益を出していたとしても、**減価償却限度額の全額を計上したものとして調整を加え、評価されてしまいます。**

　金融機関の観点からいえば、おそらく減価償却費は全額計上した上で黒字を出しているのがベストなのでしょう。

　この金融機関の考え方について読者の皆さんはどう思ったでしょうか。

　やっぱり金融機関が考えるとおり、減価償却限度額の全額を計上しておくべきなのかと思ったでしょうか。

　これまで減価償却費を調整することについて詳しくお伝えしてきましたが、最終的には金融機関の要望に合わせるしかないのでしょうか。

　金融機関の目線からいえば、確かに減価償却限度額の全額を計上したほうがよいのかもしれませんが、金融機関の目線からだけではなく、経営の視点からも考えてみてください。

　しっかり不動産賃貸業を行っていく上で、また、収益物件による投資として成功させるために、税金の支払いは切っても切れない論点になります。

　税金の支払いについて、減価償却費を調整することで節税できるという話をこれまでたくさんしてきました。

　税金の支払いは誰がするのでしょうか？　銀行ではありません。法人の経営者がするものです。

そうである以上、金融機関の要望に最大限合わせる必要はないのではないと考えます。

　減価償却費を調整して申告することは、もちろん違法ではありません。節税するために減価償却費を調整することは経営方針の１つに過ぎないと考えます。

赤字の決算書の場合

「赤字の決算書にはしないほうがよい」と当たり前のようにいわれますが、実際そのとおりで、やはり赤字の決算申告書では評価が悪くなってしまうそうです。

普通預金の残高

　不動産賃貸業で得られたキャッシュが、借り入れた金融機関の預金口座にたまっていくと思いますが、これをほかの金融機関に移さずに留め置くほうが印象はよいようです。

　定期預金や積立預金をすることが融資を受けるための条件になることがありますが、これらも解約せずに置いておくほうが変動金利の見直し時や、新規物件購入の際にプラスに働きます。

　いつの時代も**「預金」は強みで、金融資産があるかないかで金融機関の対応はまったく変わってきます**。預金があること、流動資産が多いことをアピールするのはやはり重要です。

役員借入金の考え方

「役員借入金＝資本金」と見てもらえて、**負債の金額を減らして純資産をアップ**させるように調整してもらえます。

　資本金が10万円〜100万円などのように、不動産賃貸業では比較的資本金の金額が少ない法人が多いですが、役員借入金を資本金として調整してくれるのであれば、法人設立時の資本金は10万円〜100万円で十分と考えることもできます。

そのほかの評価ポイント

　上記のほかに金融機関は次の２点も重視しているようです。

> ・債務償還年数
> ・債務超過になっていないかどうか

> 債務償還年数 ＝ 借入金残債 ÷（税引後利益＋減価償却費）
> 債務償還年数 ＝（固定資産－自己資金）÷ キャッシュフロー
> ※固定資産は簿価で計算します。
> ※キャッシュフローは基本的には物件からのキャッシュフロー。

債務償還年数 ＜ 残存耐用年数　であれば問題なし

「債務償還年数」については次の4-3で、債務超過になっていないかどうかについては174ページの4-4で説明します。

金融機関が気にする債務償還年数は、減価償却費をいくら計上しても影響しない

法人の決算申告書を作成する上で、債務償還年数のことまで考えが及んでいるでしょうか。当期純利益や法人税等ばかりが気になって思いのほか忘れてしまいがちですが、金融機関にとっては重要な指標です。きちんと理解しておきましょう。

☑ 債務償還年数の算定方法を理解する。
☑ 債務償還年数の指標をよくする方法を知る。

2つの算式から債務償還年数を求める

金融機関内での決算申告書の評価の際に、彼らがかなり重視しているポイントの1つが**「債務償還年数」**です。ここでは、債務償還年数の算定について詳しくお伝えしていきます。

先ほどの復習になりますが、債務償還年数の算定方法について次の2つをおさえてください。まずは1つ目です。

> その❶
> 債務償還年数 ＝ 借入金残債 ÷ （税引後利益＋減価償却費）
> 債務償還年数 ＜ 残存耐用年数　であれば問題なし

この算式を見るとわかるとおり、**現在のキャッシュフローで借入金を完済するまでにどのくらいの年数がかかるか、という指標**になります。

税引後利益＋減価償却費は、簡易的なキャッシュフロー（借入の元本返済を除く）です。減価償却費はキャッシュアウトのない経費ですから、これを税引後利益に足し戻すことにより、今期の事業から生まれたキャッシュフローの金額を計算しています。

通常のキャッシュフローの計算では、ここからさらにキャッシュアウ

上級編

トはあるが費用とならない元金返済を差し引きますが、債務償還年数という指標上は元本返済は無視して考えます。

　このことからわかるように、**減価償却費をコントロール（調整）しても税引後利益に足し戻されてしまいますので、債務償還年数を考える際には特に減価償却費の計上額について気にする必要はありません。**

　2つ目の算式は以下です。

その**❷**

債務償還年数＝（固定資産－自己資金）÷キャッシュフロー

※固定資産は簿価で計算します。
※キャッシュフローは基本的には物件からのキャッシュフローになります。

債務償還年数 ＜ 残存耐用年数　であれば問題なし

　この算式も❶と同様に、現在のキャッシュフローで借入金を完済するまでにどのくらいの年数がかかるか、という指標になります。固定資産から自己資金をマイナスすることで、形式的な借入金残債を表しています。1億円の固定資産を購入する際に2,000万円の自己資金を投入した場合、残りの8,000万円は借入で賄っていると考えるからです。

　この形式的な借入金残債を、物件から得られるキャッシュフローの金額で割ることで借金完済の年数を計算しています。

　債務償還年数の計算は、❶と❷だけでなく何種類もあり、金融機関によっても若干計算方法が異なります。一般的な計算方法は❶ですが、ある金融機関では❷を用いて計算するので2つの方法を説明しました。**多くの金融機関で採用されているであろう❶の判定は必ず行ってもらい、❷は参考程度に計算してみてください。**

　さて、私が実際に保有している収益物件を例に挙げて、現時点での❶と❷を計算してみます。まずは、その物件の概要を確認してください。

図4-10　物件概要

購入者	法人
購入年月日	2017年1月
購入価額	1億4600万円（土地3,476万円、建物1億1124万円）
物件構造	鉄筋コンクリート
築年数	新築　1LDK×16世帯（駐車場4台）
借入金額	1億2500万円
借入期間	30年
借入金利	0.75%
返済方法	元利均等返済
耐用年数	47年
家賃年収	1,100万円（表面利回り7.5%）
固定資産税	66万円
水道光熱費	12万円（電気代、灯油代）
通信費	20万円（インターネット接続料）
広告宣伝費	20万円（2部屋入れ替え）
火災保険料	2万円
借入金利子	90万円
管理費	110万円
雑費	1万円
減価償却費	1億1124万円 ÷ 47年 = 236万6808円

※法人では、この物件しか保有しなかったものとします。
※所得金額（利益）により法人税等は次の3段階に分けることとします。

所得金額 400万円以下	⇨	所得金額×21% = 法人税等
所得金額 400万円超～800万円以下	⇨	所得金額×23% = 法人税等
所得金額 800万円超	⇨	所得金額×33% = 法人税等

税引後利益	
賃貸料	1,100万円
租税公課（固定資産税）	△66万円
水道光熱費	△12万円
通信費	△20万円
広告宣伝費	△20万円
火災保険料	△2万円
借入金利子	△90万円
管理費	△110万円
雑費	△1万円
減価償却費	△236万6808円
税引前当期純利益	542万3192円
法人税等	124万7334円
税引後当期純利益	417万5858円

物件からのキャッシュフロー	
賃貸料	1,100万円
租税公課（固定資産税）	△66万円
水道光熱費	△12万円
通信費	△20万円
広告宣伝費	△20万円
火災保険料	△2万円
借入金利子	△90万円
管理費	△110万円
雑費	△1万円
元本返済	△370万円
税引前の手残り（CF）	409万円

借入金残債
2020年12月末時点 ⇨ 1億1341万円

自己資金
2,100万円

固定資産帳簿簿価
2020年12月末時点 ⇨ 1億3653万2768円
（内訳＝土地3,476万円、建物1億177万2768円）

残存耐用年数
47年 － 経過年数4年 ＝ 43年

　上記の内容を債務償還年数の算式に当てはめてみます。

❶ 借入金残債 ÷（税引後利益 ＋ 減価償却費）＝ 債務償還年数
　　1億1341万円 ÷（417万5858円 ＋ 236万6808円）
　　＝17.33年 ＜ 43年 ⇨ OK！

❷（固定資産－自己資金）÷ キャッシュフロー ＝ 債務償還年数
　　（1億3653万2768円 － 2,100万円）÷ 409万円
　　＝28.24年 ＜ 43年 ⇨ OK！

債務償還年数を短くする方法

　債務償還年数という指標をよくする＝債務償還年数は短ければ短いほどよい、ということになります。
　では、債務償還年数を短くするためにはどのような方法があるかを考えてみましょう。方法としては、大きく次の2つになります。

| 方法その❶ | ⇨ | 借入金残債を減らす |
| 方法その❷ | ⇨ | （税引後利益 ＋ 減価償却費）の金額を大きくする |

方法その❶　⇨　借入金残債を減らす

　借入金の残債を減らすためには、**繰上返済が効果的**です。しかし、当然ながら**繰上返済をすると手元のキャッシュは少なくなりますので、債務償還年数だけで考えれば問題ありませんが、そのほかの指標ではマイナスの影響が出る**恐れがあります。

　繰上返済は難しいということであれば、そもそもの**借入時に元金均等返済で借りれば、元利均等返済より返済が早く進みます。**

方法その❷　⇨　（税引後利益＋減価償却費）の金額を大きくする

　税引後利益を増やせれば、（税引後利益＋減価償却費）の金額は大きくなります。

　では、どのようにすれば利益を増やせるでしょうか。

　実は、会計・税務の世界では、費用計上でも資産計上でもどちらでも処理できるという項目がいくつかあります。

　たとえば、不動産投資においては次のようなものです。

（1）大規模修繕

（2）不動産取得税

（3）物件取得時の登録免許税や司法書士報酬など

　（1）の大規模修繕が費用となるか資産となるかは、税法により定められており、一定の要件を満たせば修繕費として費用計上できます。

　これは**「費用計上できる」ということなので、費用計上しても資産計**

上しても、どちらでも任意ということです。

（2）と（3）についても、法人の場合は資産計上するか費用計上するかは任意となっています。

　もし、これら（1）〜（3）を**資産計上した場合は、そのあとの減価償却により、定められた耐用年数にわたって費用となります。**

　任意である（1）〜（3）を仮に**費用として処理すれば、税引後利益は少なくなりますので、債務償還年数の計算上はマイナスの影響となりますが、資産計上して減価償却費で処理すれば、債務償還年数に影響を与えない**ことになります。

　実際に比較算定してみましょう。

　先ほどの私が保有している物件で、2020年1月に建物の不動産取得税141万円を支払ったとします。

　全額経費として計上した場合と、資産計上した場合で債務償還年数を比べてみます。

全額経費として計上した場合

税引後利益	
賃貸料	1,100万円
租税公課（固定資産税）	△66万円
租税公課（不動産取得税）	**△141万円**
水道光熱費	△12万円
通信費	△20万円
広告宣伝費	△20万円
火災保険料	△2万円
借入金利子	△90万円
管理費	△110万円

雑費	△1万円
減価償却費	△236万6808円
税引前当期純利益	401万3192円
法人税等	92万3034円
税引後当期純利益	309万158円

借入金残債	
2020年12月末時点 ⇨	1億1341万円

上記の内容を算式に当てはめます。

借入金残債 ÷ （税引後利益 ＋ 減価償却費）＝ 債務償還年数
1億1341万円 ÷ （309万158円 ＋ 236万6808円）
＝20.78年 ＜ 43年 ⇨ OK！

資産計上した場合

141万円の不動産取得税を建物として資産計上します。その**141万円は47年の耐用年数で償却**していきます。

141万円 ÷ 47年 ＝ 3万円

もともと計上していた建物の減価償却費236万6808円に3万円を加えた239万6808円を2020年から計上していくことになります。

税引後利益	
賃貸料	1,100万円
租税公課（固定資産税）	△66万円
水道光熱費	△12万円
通信費	△20万円

広告宣伝費	△20万円
火災保険料	△2万円
借入金利子	△90万円
管理費	△110万円
雑費	△1万円
減価償却費	**△239万6808円**
税引前当期純利益	539万3192円
法人税等	124万434円
税引後当期純利益	415万2758円

借入金残債
2020年12月末時点 ⇨ 1億1341万円

　上記の内容を算式に当てはめます。

借入金残債 ÷ （税引後利益 + 減価償却費） = 債務償還年数
1億1341万円 ÷ （415万2758円 + 239万6808円）
= 17.31年 ＜ 43年 ⇨ OK！

　**不動産取得税を資産計上にするだけで、債務償還年数を3年も短くす
ることができました。**

　債務償還年数は、返済能力があるかないかを確認するための重要な指
標です。

　金融機関が債務償還年数を重視するのは、常に金融機関は貸したお金
が戻ってくることを担保したいと思うもので、借主がどの程度の期間で
返済できるのか不安だからです。

　**もし融資を打診しても否決されるようでしたら、一度債務償還年数を
計算し直して**みてもよいかもしれません。ぜひ債務償還年数のことも念
頭に置いて決算申告書を作成するようにしてください。

金融機関がチェックする債務超過と減価償却費の関係

金融機関が決算書で重視している点として「債務超過になっていないか」というポイントがあります。債務超過とはどのような状況なのか、また、なぜ債務超過になるのかという基本的なことから説明します。

☑ **一般的な債務超過と金融機関が見る債務超過の違いを理解する。**
☑ **債務超過と減価償却費の関係性を知る。**

債務超過と赤字の違い

金融機関は貸出の審査などで決算書をチェックしますが、その際にその法人が**「債務超過」になっていないかどうか**を必ず見ます。

債務超過とは、簡単にいえば、**負債総額が資産総額を上回る状態**をいいます。このことは、**貸借対照表**を確認します。

勘違いしやすい点として、**「赤字決算」は売上に対して経費が多い状態**をいいます。このことは、**損益計算書**を確認します。

このように判断する際の指標が異なるため、債務超過と赤字は必ずしもイコールではなく、赤字決算になっていても債務超過には至っていないケースもあります。

たとえば、1年間で大きな赤字を出したとしても、現預金がたくさんあり、資産が常に負債よりも多ければ債務超過にはなりません。

とはいえ、毎年赤字が続けば資産はどんどん減っていくので、いつかは債務超過になります。

債務超過を解消する方法はいくつかあり、**増資によって資本金を増額**すれば純資産額がアップするので即効性がありますが、それは一種のカンフル剤で、やはり**「きちんと利益を出す」ことが会社の本来の目的**に

かなうものです。

一般的な債務超過と、金融機関が見る債務超過

　債務超過とはどのような状態であるかを説明しましたが、これを数字で表すと一般的には次のような状態となります。

図4-11　一般的な債務超過

貸借対照表				
（令和○○年3月31日現在）				（単位：円）
Ⅰ　流動資産	（5,000,000）	Ⅰ	流動負債	（2,000,000）
現金・預金	5,000,000		未払金	2,000,000
		Ⅱ	固定負債	（218,000,000）
			役員借入金	28,000,000
			長期借入金	190,000,000
			負債の部合計	220,000,000
Ⅱ　固定資産	（195,000,000）	Ⅰ	株主資本	（△20,000,000）
建物	95,000,000		1. 資本金	5,000,000
土地	100,000,000		2. 繰越利益剰余金	△25,000,000
			純資産の部合計	△20,000,000
資産の部合計	200,000,000		負債・純資産の部合計	200,000,000

　負債総額（2億2000万円）が資産総額（2億円）を上回っているので債務超過となります。

　しかし、**金融機関では、負債に計上されている「役員借入金」を「資本金」と同じように見てくれるので、実際には次のような貸借対照表に変わります。**

図4-12 金融機関が見る債務超過

貸借対照表
（令和○○年3月31日現在）
（単位：円）

Ⅰ 流動資産	(5,000,000)	Ⅰ 流動負債		(2,000,000)
現金・預金	5,000,000	未払金		2,000,000
		Ⅱ 固定負債		(190,000,000)
		長期借入金		190,000,000
		負債の部合計		192,000,000
Ⅱ 固定資産	(195,000,000)	Ⅰ 株主資本		(8,000,000)
建物	95,000,000	1. 資本金		5,000,000
土地	100,000,000	役員借入金		28,000,000
		2. 繰越利益剰余金		△25,000,000
		純資産の部合計		8,000,000
資産の部合計	200,000,000	負債・純資産の部合計		200,000,000

　負債総額（1億9200万円）が資産総額（2億円）を下回っているので債務超過となりません。

　このように、**役員借入金が大きい場合は債務超過とならず資産超過として見てもらえる**ことが多いようです。逆にいえば、**役員借入金を資本金とみなしても純資産がマイナスの場合は融資が厳しい**ということになります。

債務超過と減価償却費の関係

　債務超過になりやすい傾向は、赤字決算が連続することでした。

　では、減価償却費を計上したことで赤字決算になった場合と、減価償却費を計上しないで黒字決算にした場合で、それぞれどのような貸借対

照表になるでしょうか。

❶ 減価償却費を計上したことで赤字決算になった場合

赤字決算になるということは、税引後当期純利益がマイナスになりますから、**そのマイナスが貸借対照表の繰越利益剰余金の金額に入り、純資産額は下がってしまいます**。

❷ 減価償却費を計上しないで黒字決算にした場合

黒字決算になるということは、税引後当期純利益がプラスになりますから、**そのプラスが貸借対照表の繰越利益剰余金の金額に入り、純資産額は上がります**。

債務超過のことだけを考えると、❷のように減価償却費を計上しないで黒字決算にしたほうがいいように思いますが、**金融機関では、減価償却限度額の全額を計上したものとして調整を加えた上で、債務超過になっていないかどうか確認する**ことになるはずです。つまり、**減価償却費の計上額のことは気にしなくてもよい**といえます。

上級編

4-5

中古物件購入時、土地と建物等に どのように分ければよいか?

売買契約書に記載されている金額が、土地と建物を別建てで表示しておらず総額で表示されている場合、どのように分ければよいかを理解しましょう。減価償却費の計上額も分け方によって大きな影響を受けます。

☑ 合理的な基準となる按分方法を知っておく。
☑ 借地権付き建物や諸費用についても按分方法を理解する。

土地と建物等の価格の按分方法 〜基本編

収益物件の価格は、売買契約書において「総額」で表示されているものが多いです。

しかし、収益物件は土地と建物が両方なければ成立しません。

つまり、**価格は総額でも実際には土地と建物の価格に分かれている**はずなのです。

まずは基本編として、総額表示の物件価格から土地と建物をどうやって按分するのかを説明します。

例として、土地と建物の合計が1億円の新築物件があったとします。新築の場合は、建物の建設にかかった費用は明確にわかっています。仮に建設費が7,000万円であれば、建物の取得価額は7,000万円で土地が3,000万円となり、これが変わってくることはありません。

この場合、減価償却費は建物7,000万円を取得価額として償却率を掛けて計算することになります。

では、この新築物件が20年後に8,000万円で売りに出されたら、次の買主側ではどのように土地と建物を分ければよいでしょうか。

もともとの所有者（売主）が物件をきちんと管理して、メンテナンスをしっかり行っていたため、売却時に新築に近い状態だったとしたら、新築時の建設費である7,000万円を適用して建物は7,000万円、土地は1,000万円を取得価額にしても問題ないでしょうか。

　逆に、もともとの所有者（売主）が保有している間に災害などの被害を受けたことで建物のダメージが激しくボロボロの状態だったとしたら、建物の価格はゼロ円で、土地としての価値しかないと考え、土地の取得価額を8,000万円としてもよいでしょうか。

　実務ではこのように極端で、根拠のない按分はできません。

売買契約書に物件総額だけ記載してあって、土地と建物の金額が記載されていない場合は、合理的な基準で分けることになります。

「合理的な基準」として一番採用される方法が、**固定資産税評価額での按分**です。

　たとえば、収益物件の金額が総額表示1億円で売買契約書に記載されており、この物件の固定資産税評価額が土地2,000万円、建物3,000万円の合計5,000万円だとします。

　土地の金額は、 1億円 × （2,000万円／5,000万円） ＝ 4,000万円 となり、建物金額は、 1億円 × （3,000万円／5,000万円） ＝ 6,000万円 となります。

　土地と建物のそれぞれの金額は、大原則は時価で決まるのですが、その時価を算定することが難しいので、このように合理的な基準で分けることが一般的です。

　したがって、**税務署に根拠を持って説明できる合理的な基準であれば、固定資産税評価額での按分でなくても問題ありません。**

　固定資産税評価額を用いた按分を行わない場合、合理的な基準として次に採用される方法が**標準建築価額での按分**です。

　標準建築価額とは、建物の取得費を算出する上で基準となる金額です。国税庁が公表している標準建築価額表に、年度・構造別に新築当時の1㎡あたりの標準単価が出ています。それに物件の延べ床面積を掛けることで算出することができます。

　まずは図4-13を用いて、新築当時の建物の取得価額を計算します。

図4-13　建物の標準的な建築価額表（単位：千円／㎡）

構造 ＼ 建築年	昭和46年	47年	48年	49年	50年	51年	52年	53年	54年	55年	56年	57年	58年	59年	60年
木造・木骨モルタル	31.2	34.2	45.3	61.8	67.7	70.3	74.1	77.9	82.5	92.5	98.3	101.3	102.2	102.8	104.2
鉄骨鉄筋コンクリート	61.2	61.6	77.6	113.0	126.4	114.6	121.8	122.4	128.9	149.4	161.8	170.9	168.0	161.2	172.2
鉄筋コンクリート	47.2	50.2	64.3	90.1	97.4	98.2	102.0	105.9	114.3	129.7	138.7	143.0	143.8	141.7	144.5
鉄骨	30.3	32.4	42.2	55.7	60.5	62.1	65.3	70.1	75.4	84.1	91.7	93.9	94.3	95.3	96.9

構造 ＼ 建築年	昭和61年	62年	63年	平成元年	2年	3年	4年	5年	6年	7年	8年	9年	10年	11年	12年
木造・木骨モルタル	106.2	110.0	116.5	123.1	131.7	137.6	143.5	150.9	156.6	158.3	161.0	160.5	158.6	159.3	159.0
鉄骨鉄筋コンクリート	181.9	191.8	203.6	237.3	286.7	329.8	333.7	300.3	262.9	228.8	229.7	223.0	225.6	220.9	204.3
鉄筋コンクリート	149.5	156.6	175.0	193.3	222.9	246.8	245.6	227.5	212.8	199.0	198.0	201.0	203.8	197.9	182.6
鉄骨	102.6	108.4	117.3	128.4	147.4	158.7	162.4	159.2	148.4	143.2	143.6	141.0	138.7	139.4	132.3

構造 ＼ 建築年	平成13年	14年	15年	16年	17年	18年	19年	20年	21年	22年	23年	24年	25年	26年	27年
木造・木骨モルタル	157.2	153.6	152.7	152.1	151.9	152.9	153.6	156.0	156.6	156.5	156.8	157.6	159.9	163.0	165.4
鉄骨鉄筋コンクリート	186.1	195.2	187.3	190.1	185.7	170.5	182.5	229.1	265.2	226.4	238.4	223.3	258.5	276.2	262.2
鉄筋コンクリート	177.8	180.5	179.5	176.1	171.5	178.6	185.8	206.1	219.0	205.9	197.0	193.9	203.8	228.0	240.2
鉄骨	136.4	135.0	131.4	130.6	132.8	133.7	135.6	158.3	169.5	163.0	158.9	155.6	164.3	176.4	197.3

出所：国税庁　https://www.nta.go.jp/taxes/shiraberu/shinkoku/tebiki2017/kisairei/joto/pdf/013.pdf

計算するにあたり、先ほどの収益物件の金額と同じ1億円（総額表示）を使い、さらに次のような条件を加えます。

図4-14　前提条件

購入年月日	令和3年1月1日
築年数	築10年（平成23年1月1日新築）
構造	鉄筋コンクリート造
延べ床面積	500㎡
耐用年数（新築時）	47年（定額法償却率 = 0.022）
耐用年数（中古購入時）	39年（定額法償却率 = 0.026）

新築当時の建物の取得価額 ＝
建物の標準的な建築価額表に該当する単価 × 延べ床面積（㎡）

建物の標準的な建築価額表より、平成23年の鉄筋コンクリート造は1㎡あたり19万7000円です。よって、19万7000円 × 500㎡ ＝ 9,850万円 となります。

この金額は、あくまでも新築時（平成23年）の建物価額です。中古建物の場合は、**建物の建築時（平成23年）から取得時（令和3年）までの経過年数（10年）に応じた減価償却費相当額を控除した残額を取得価額としなければならない**ことに注意してください。

中古建物の取得価額 ＝
新築建物の取得価額 － 取得した年までの減価償却費

取得した年までの減価償却費は、9,850万円 × 0.022（償却率）× 10年（経過年数）＝ 2,167万円 となります。よって、9,850万円 －

2,167万円 ＝ 7,683万円 が中古の建物の取得価額になります。

　総額1億円の収益物件だったわけですから、 1億円 － 7,683万円 ＝ 2,317万円 が土地の取得価額ということになります。

　同じ総額1億円の収益物件であっても、固定資産税評価額で按分した場合の建物価額は6,000万円で、標準建築価額で按分した場合の建物価額は7,683万円になりました。

　建物価額が変わると何に影響が出るかというと、もちろん減価償却費の計算に大きな影響があります。1年目に減価償却費として計上できる金額が次のように変わるということです。

固定資産税評価額で按分した場合
6,000万円 × 0.026 ＝ 156万円

標準建築価額で按分した場合
7,683万円 × 0.026 ＝ 199万7580円

　上記の固定資産税評価額と標準建築価額での按分以外で採用されている方法としては、「**専門家による評価を参考にする方法**」があります。

　不動産の評価を行う専門家といえば**不動産鑑定士**ですが、一般には鑑定士による不動産鑑定評価書の作成には日数がかかり、費用も高額となってしまいます。

　しかし、現在では「簡易評価」という形で内容を簡略化し、短期間かつ比較的安価で評価してもらうこともできます。現地調査をともなわない机上調査であれば、さらに安価で迅速に調査結果を得ることも可能です。

　机上調査でも不動産鑑定士の出した結論であることに変わりはありません。専門家の出した結論は有力な論拠となりますので、その金額を採用して申告することも合理的と考えられます。

土地と建物等の価格の按分方法 ～応用編

ここまでの基本編と中級編では、土地と建物の金額を按分しましたが、次は**「借地権」と建物が総額表示で記載されている売買契約書で購入した場合**について、どのように考えていけばよいか説明します。

借地権付き建物を購入する場合、土地は借りている状態ですので、借地権という「土地を利用する権利」と建物を購入していることになります。

図4-15　借地権付き建物

A 所有　建物＋借地権

借地権

B 所有　底地（土地の所有者）

底地

上級編

このような場合、支払った全額を建物の取得価額にしてもよいのでしょうか。

答えは、このケースも基本編の土地・建物のケースと同様に、**建物の取得にかかる部分と、土地を使用する権利にかかる部分とに按分**しなければいけません。

私が所属する税理士法人では、実務上次のような方法を用いることが多いです。まず、❶と❷を求めます。

❶ 建物 ⇒ **固定資産税評価額 ÷ 0.7で算出した金額**

※建物の時価の70％相当が固定資産税評価額の目安といわれているため。

❷ 借地権 ⇒ **路線価 × 土地の地積 × 借地権割合により借地権の相続税評価額を算定する**
借地権の相続税評価額 ÷ 0.8で算出した金額

※時価の80％相当が相続税評価額の目安といわれているため。

　❶と❷で求めた金額を用いて、借地権付き建物を建物と借地権に按分していきます。

　ここで、基本編（178ページ）を読んだ皆さんは「固定資産税評価額での按分」ではダメなのかと思ったかもしれません。

　中古の収益物件で土地と建物の両方を取得する際、売買契約書に総額でしか価格が記載されていない場合は、土地の固定資産税評価額と、建物の固定資産税評価額との比率により按分していくのが代表的なやり方でした。

　しかし、今回の借地権付き建物の場合にはこの方法は使えません。なぜなら、**借地権には固定資産税評価額がないため、固定資産税評価額での按分は不可能**だからです。

　また、借地権の取得価額を算定する上では、**借地権の購入価格に加えて、次のような費用も取得価額に入れなければならない**ことも覚えておいてください。

- ・賃借した土地の改良のためにした地盛り、地ならし、埋立てなどの整地に要した費用の額
- ・借地契約にあたり支出した手数料その他の費用の額
- ・建物等を増改築するにあたりその土地の所有者等に対して支出した費用の額

ここまで、借地権付き建物についてもきちんと借地権と建物に按分しなければならないことをお伝えしましたが、**1つだけ例外があります。**

　そのことが記載されている条文を抜粋しますので、まずは目を通してください。

【法人税法基本通達7-3-8】
土地の上に存する建物等を取得した場合における、その建物等の購入代価のうち借地権の対価と認められる部分の金額が、**建物等の購入代価のおおむね10%以下の金額であるときは、強いてこれを区分しないで建物等の取得価額に含めることができる。**

　すなわち、借地権付き建物の売買価格が1億円だった場合、借地権価格が 1億円 × 10% = 1,000万円 以下であれば、借地権と建物に按分せずに1億円全額を建物として認識してもよいということになります。

物件購入の諸費用を土地や建物の取得価額に算入する方法

　収益物件を購入すると、土地と建物の本体価格だけでなく、次のような諸費用が発生します。

- ❶ 仲介手数料
- ❷ 固定資産税の精算金
- ❸ 登録免許税
- ❹ 所有権移転登記にかかる司法書士報酬
- ❺ 不動産取得税
- ❻ 売買契約書印紙

上級編

❶と❷は必ず資産計上しなければなりません。❸と❹と❺は法人の場合、資産計上するか費用計上するかは任意です。

❻については、法人・個人を問わず費用計上しなければいけません。売買契約書の印紙が、**物件購入のために要した費用ではなく、課税文書の作成にともなって納付を要する費用と考えるため費用計上**となります。

収益物件を法人が購入した場合で、❶～❹を土地と建物の取得価額に算入していく方法を説明します。

前提条件は次のとおりです。

図4-16　前提条件

物件価額	1億円（総額表示）
固定資産税評価額	土地2,000万円、建物3,000万円の合計5,000万円
仲介手数料	300万円
固定資産税の精算金	50万円
登録免許税	90万円
所有権移転登記にかかる司法書士報酬	20万円

❶～❹の費用を土地と建物の固定資産税評価額の割合で按分し、土地と建物の取得価額に加算します（図4-17）。

❸ 登録免許税と❹ 所有権移転登記にかかる司法書士報酬は、資産に計上することにより、建物の耐用年数により計算された減価償却費という形で徐々に経費化されていくことになります。

しかし、**土地の取得価額を構成する❸ 登録免許税と❹ 所有権移転登記にかかる司法書士報酬のコストは、減価償却費という形で徐々に経費化されることはない**ので注意してください。

あくまでも、**土地の簿価がその分高くなるだけで、売却時にはじめて費用化される**と考えてもよいと思います。

図4-17 土地建物按分表

取得価額

内容	税込
土地建物総額	100,000,000
固定資産税清算金	500,000
土地建物本体価額 計	100,500,000
仲介手数料	3,000,000
司法書士報酬	200,000
課税仕入 計	3,200,000
登録免許税	900,000
不課税・非課税仕入 計	900,000
取得価額合計	104,600,000

A.固定資産税評価額による按分

内容	土地	建物	合計
	40.00%	60.00%	100%
土地建物総額	40,000,000	60,000,000	100,000,000
固定資産税清算金	200,000	300,000	500,000
	0	0	0
土地建物本体価額 計	40,200,000	60,300,000	100,500,000
仲介手数料	1,200,000	1,800,000	3,000,000
司法書士報酬	80,000	120,000	200,000
課税仕入 計	1,280,000	1,920,000	3,200,000
登録免許税	360,000	540,000	900,000
	0	0	0
	0	0	0
不課税・非課税仕入 計	360,000	540,000	900,000
取得価額合計	41,840,000	62,760,000	104,600,000

固定資産税評価額

	評価額	割合
建物固定資産税評価額	30,000,000	60.00%
土地固定資産税評価額	20,000,000	40.00%
合計	50,000,000	100%

　ここでは、物件購入時の諸費用として❶～❻までの最低限の費用を紹介しましたが、実際には、これら以外に次のような費用が発生するケースもあります。

> ・抵当権設定による登録免許税
> ・抵当権設定による司法書士報酬
> ・土地家屋調査士への報酬
> ・不動産鑑定士への報酬
> ・金融機関へ支払うローン事務手数料
> ・金融機関へ支払う不動産担保手数料

　これらに関しても、法人の場合は、資産計上か費用計上かは任意となりますので、どちらがよいかを検討してみてください。

新築物件購入時に建物、建物附属設備、構築物、器具備品などに按分するテクニック

中古物件にはない、新築物件だからこそのメリットやデメリットを理解しましょう。会計処理の観点から見ても中古物件と新築物件では異なる点があり、減価償却にも影響してきます。

☑ 新築物件のメリットやデメリット、注意点を理解する。
☑ 新築購入時の建物按分の仕方を理解し、会計税務処理の注意点を知る。

新築物件を手がけるならここは必ず注意する

　物件を建てるための土地を先に購入したあと、建築業者と請負契約書を締結する方法で新築物件を建てると、中古物件にはないメリットがあります。

　そのメリットは次のようなものです。

---

❶ 自分の好きなデザインで建築できる

❷ 最新の設備、間取りが造れる

❸ 長期間の融資が受けやすい

❹ メンテナンスコストは当面かからない

❺ 新築プレミア価格で客付けができる

　このような新築物件を建てる場合、スケジュールは一般的に次のようになります。

❶ 土地の売買契約書締結＋手付金の支払い

⇩

❷ 土地の引き渡し＋残代金の支払い＋所有権移転登記＋土地購入のための融資実行

⇩

❸ 建築業者との工事請負契約の締結

⇩

 ❹ 着工金の支払い＋建物購入のための融資実行１回目

⇩

 ❺ 中間金の支払い＋建物購入のための融資実行２回目

⇩

 ❻ 完成引き渡し＋建物表題登記＋所有権保存登記＋最終金の支払い＋建物購入のための融資実行３回目

　まずは、こうした新築物件を建てるときの注意点について説明します。

注意点その❶　自己資金を使う場合

　上記のように、土地購入の融資を含め４回にわたって融資を受けるような場合、それぞれの元本の返済は建物の引き渡しが終わって賃料の入金が開始する時期から始まります。ですので、❷・❹・❺で受けた融資については元本返済が始まるまでの間、一定の利息だけを支払わなければなりません。

　もし自己資金をもっと出せるのであれば、**❻の時点ではなく、できるだけ❷や❹のところで自己資金を使ったほうがトータルでの利息の支払いが少なくて済みます。**

注意点その❷　着工金と中間金の支払い方

　着工金と中間金の支払額をできる限り少なくしてもらって、最終金の支払いに寄せてもらうことも交渉すべきでしょう。代金の支払い方は工

事請負契約書に明記されることが多いです。

　たとえば、工事請負契約の総額が1億円とします。

　請負業者が、着工金 3,000万円、中間金 3,000万円、最終金 4,000万円という流れで支払いをお願いしたいと申し出てきたとしても、着工金 2,000万円、中間金 2,000万円、最終金 6,000万円にしてもらうことは可能か交渉すべきということです。

　そうすることで、**着工金と中間金の支払い時に融資を受ける金額が少なくて済みますので、元本返済が始まるまでの融資利息は請負業者の提示した案よりも少なくなります。**

　融資を受ける回数を少なくすると、利息だけでなく次のような費用も削減されます。

　・融資手数料
　・収入印紙
　・印鑑証明、住民票などの取得費用
　・振込手数料

　また、書類の記載など融資を受ける手続きの事務作業の手間や時間も省けます。

注意点その❸　建築業者の倒産リスク

　着工金や中間金の支払い後に建築業者が倒産し破綻した場合には、費用を一部支払ったにもかかわらず、物件が完成しないという事態が発生してしまいます。

　中古物件の購入時には絶対起こり得ない新築ならではのリスクです。

　オーナーに残るのは、土地＋建築途中の物件という1円も利益を生まない物件と大きな借入金であり、借入金および利息の返済に大きな支障が生じます。

土地を購入し、着工金を支払ったものの、施工会社が倒産してしまい着工金の返金がないため、土地を売却せざるを得なくなったことが、実際に私の知り合いの方に起きました。

　特に、1年を超えるなど工期が長くなる建築の場合は要注意です。1年後にその建築業者が絶対健在とは言い切れません。

　ですので、建築業者の倒産リスクを少しでも回避しなければなりません。**倒産の危険性がある建築業者かどうかを見極めることが重要**です。見極め方法をいくつか紹介します。

■❶　前払いを求めてくるかどうか■

　業績が悪化してくると何とかして現金を多く調達しようという行動になります。このため、着工金、中間金の支払いをやたらと求められる場合には注意してください。**特に、過去に建築を依頼した業者に再度物件の建築を依頼した際に、着工金、中間金の支払い条件が変わったりしたときは要注意**です。

■❷　別の業者と接点を持つ■

　建築業者が倒産する前に悪い噂が流れるようなケースは少なく、かなり用意周到に倒産の準備をしていることがうかがえます。しかし、少なくともインターネットでその建築業者に倒産などの噂がないかくらいは確認しておいたほうがよいでしょう。

　また、同じ建築業界であれば、そういった噂をキャッチしている可能性もあるので、**1つの不動産業者だけではなく複数の不動産業者と接点を持ち、情報収集ができる関係を築いておく**ことも重要です。

■❸　銀行に聞く■

　銀行は、企業の業績や財務状況を含むさまざまな信用情報を把握しています。金融機関と接点を持ち、複数の銀行の担当者と関係を深めておけば、担当者に建築業者の名前を告げて意見を聞くことで、倒産しそう

な建築業者との取引を避けられる可能性があります。

　当然ながら、担当者が「この建築業者は倒産しそうです、危ないです」とは答えてくれないものの、具体的な社名を挙げて、「この会社に建築を依頼する予定ですが、どう思いますか？」と聞くことで、**建築業者の信用情報を調べてくれ、取引が危険な場合にはそれとなく教えてくれます。**

　実際にある銀行の担当者から聞いた話ですが、建築業者（売主）、不動産仲介業者、管理会社を厳しくチェックして、問題がある場合にはどんなによい物件であっても絶対に融資をしないといっていました。

■❹ 現地に行く■

　少し遠方であっても**月に一度くらいは建設現場を見にいく**ことをお勧めします。きちんとした業者は毎月写真入りのレポートを送ってくれることもありますが、それが望めないのであれば、**自分で現場に足を運び、資材の発注や進捗度合いを確認して順調に進んでいるかをチェック**します。

建物、建物附属設備、構築物、器具備品などに按分するテクニック

　工事請負契約を締結すると、工事に関する明細書をもらえます。どのような工事にいくらかかったという明細です。

　その明細をもとに、建物、建物附属設備、構築物などに分けていきます。

❶ 建物本体、電気設備、給排水衛生設備、冷暖房設備、エレベーター設備、消防設備、構築物というように個別工事として分けていく

❷ どの工事にも共通してかかっている費用は共通工事として認識する

❸ 共通工事に分類された費用は、個別工事の金額割合に応じてその費用を配賦していく

⬇

新築の場合は次のように明確に分けていくことが可能です。

建物本体の耐用年数　⇨　34年

電気設備の耐用年数　⇨　15年

エレベーター設備の耐用年数　⇨　17年

消防設備の耐用年数　⇨　8年

構築物の耐用年数　⇨　10年

工事請負契約の金額をすべて建物本体として計上してしまうと、このあとで説明する償却資産税にも影響が出るので注意してください。

194～195ページの図4-18を見てください。

まずは、新築請負契約時の工事見積書と、追加工事が発生した場合には追加の見積書と、建物表題登記の領収書、所有権保存登記の領収書を準備します（図4-18の一番左の列の「書類名」の内容）。

各種書類のなかに記載されている、その詳細内訳内容と、それに対応する金額を記載します（左から3列目の「名称」、4列目の「金額」の内容）。

次に、「名称」に記載した工事が会計上の勘定科目のうちどれに対応するかを判断し、科目名を記載します（左から5列目の「勘定科目」の内容）。

建物、衛生設備、冷暖房設備、電気設備、エレベーター、構築物、水道加入金のように具体的に特定できるものはそのとおりに記載し、どの工事にも共通してかかっている費用は「按分」として記載しています。

ここまでで、各勘定科目に割り振った内容を集計したものが図4-18の④の表になります。

上級編

図4-18　新築建物按分表

書類名	番号	名称	金額(税込)	勘定科目	償却年数
		建物取得価額			
御見積書 新築工事	1	基礎工事	11,000,000	建物	
	2	木工事	4,400,000	建物	
	3	足場工事	1,100,000	建物	
	4	サッシ工事 （エクステリア・備品含む）	15,400,000	建物	
	5	屋根・板金工事	22,000,000	建物	
	6	衛生機器工事	11,000,000	衛生設備	15年
	7	設備工事（ダクト含む）	11,000,000	冷暖房設備	13年
	8	ガス設備工事	3,300,000	衛生設備	15年
	9	電気設備工事	11,000,000	電気設備	15年
	10	塗装・防水・ コーキング工事	2,200,000	建物	
	11	笠木工事	330,000	建物	
	12	建材工事	5,170,000	建物	
	13	軽天工事	1,100,000	建物	
	14	美装工事	330,000	建物	
	15	左官・外構工事	2,200,000	構築物	10年
	16	タイル工事	770,000	建物	
	17	内装工事	4,400,000	建物	
	18	鉄骨工事	4,400,000	建物	
	19	耐火被覆工事	1,320,000	建物	
	20	ALC工事	8,800,000	建物	
	21	Kフレーム	33,000,000	建物	
	22	仮設工事 （電気・水道・トイレ）	1,100,000	按分	
	23	現場廃棄物処分費	880,000	按分	
	24	現場管理諸費用 （現場養生費等含む）	5,500,000	按分	
	25	消防検査・（器具等）	2,750,000	按分	
	26	エレベーター工事	7,150,000	エレベーター	17年
	27	値引き	**-110,000**	按分	

御見積書 追加工事	1	土留め工事	770,000	按分	
	2-1	給水装置改造工事	1,650,000	衛生設備	15年
	2-2	給水装置改造申請費	1,100,000	水道加入金	
	3	鉄骨工事	550,000	建物	
	4	値引き	**-110,000**	按分	
領収書 建物表題登記		建物表題登記報酬	110,000	按分	
領収書 所有権保存登記		所有権保存登記報酬	110,000	按分	
		登録免許税	300,000	按分	
合計			**175,970,000**		

Ⓐ

内容	税込	建物	衛生設備	冷暖房設備	電気設備
個別工事	164,670,000	116,270,000	15,950,000	11,000,000	11,000,000
共通工事	11,300,000	7,978,691	1,094,522	754,843	754,843
合計	175,970,000	124,248,691	17,044,522	11,754,843	11,754,843

エレベーター	構築物	水道加入金
7,150,000	2,200,000	1,100,000
490,648	150,969	75,484
7,640,648	2,350,969	1,175,484

上級編

「個別工事」は、按分以外の建物などの科目をそれぞれ集計しています。「共通工事」は、按分と記載された合計額を個別工事の比率で按分して配賦しています。

今回の例では、按分の合計額は1,130万円になりますので、1,130万円 × 1億1627万円（個別工事の建物）÷ 1億6467万円（個別工事の合計額）= 797万8691円 が建物に配賦する共通工事の金額になります。

最後に、各勘定科目の個別工事と、配賦された共通工事の合計額を会計上資産として計上します。

上水道を引くときには水道加入金がかかる

図4-18「新築建物按分表」のなかに「**水道加入金**」という項目があります。

購入する土地が「田んぼ」だったりすると水道の設備がありません。そのため、**新しく上水道を引くときには「水道加入金」（または「水道施設負担金」「水道負担金」「水道分担金」など）と呼ばれる費用を負担**しなければなりません。

こういった自治体は多くありますが、東京都23区ではこの制度がありません。

※正確には「田んぼ」の土地を購入したあと農地転用を行い、「宅地」に変更してから建物を建てていくことになります。

水道加入金の額

水道加入金は給水管の口径に応じて金額が定められています。

改造（増径）する場合の加入金の額は、新口径に応じた加入金の額と、旧口径に応じた加入金の額の差額となります。

地域ごとに金額は異なりますが、ある地域では次のように定められています。

図4-19　水道加入金の額

口径	加入金
13mm	4万8600円
20mm	8万1000円
25mm	20万5200円
30mm	37万8000円
40mm	68万400円

口径	加入金
50mm	116万6400円
75mm	302万4000円
100mm	594万円
150mm	1,663万2000円
200mm	管理者が定める額

　水道加入金とよく似た言葉で、**「下水道受益者負担金」というものがあ**
りますが、これは下水道の整備にかかるものになります。

土地を持ったら下水道受益者負担金がかかる

　公共下水道は、衛生的で住みよい生活をする上で欠かすことのできな
い施設ですが、下水道工事は多額の費用がかかります。不特定多数の人
が利用する道路や公園などと違い、下水道の恩恵を受けられるのは下水
道が整備された区域の人に限られます。このような場合、その建設費を
すべて税金で賄うことは下水道が整備されていない区域の人に対して不
公平になります。そこで、その建設費用の一部を、都市計画法に基づき
公共下水道が整備される区域内に土地を所有する人などが、その面積に
応じて負担するのが受益者負担金制度です。
　下水道受益者負担金の対象となる土地は、下水道が整備される区域内
の宅地、田、畑、雑種地、山林などの土地すべてです。農地、山林など
土地の状況などによる徴収猶予（宅地化されるまで徴収を延期するこ
と）や、公園、道路など土地の状況などによる減免（減額、免除するこ
と）があります。

会計処理や償却方法が異なる

　水道加入金と下水道受益者負担金は似ていますが、**会計処理や償却期間が異なるため、きちんと区別しなければいけません。**

　水道加入金は、無形固定資産の「水道施設利用権」として15年で償却します。

　水道施設利用権とは、「水道事業者に対して水道施設を設けるために要する費用を負担し、その施設を利用して水の供給を受ける権利」とされています。

　一方、**下水道受益者負担金は「税務上の繰延資産」**となります。

　受益者負担金は、法人税法施行令第14条第1項第6号《公共的施設の負担金等の繰延資産》に示される繰延資産のうち、公共的施設などの負担金に関する費用に該当し、償却期間は、その施設の耐用年数の$\frac{7}{10}$とされていますが、現実に、その設備ごとに償却期間を定めると煩雑になることから、**下水道受益者負担金については、通達により一律に6年**とされています。

【公共下水道に係る受益者負担金の償却期間の特例】
地方公共団体が都市計画事業その他これに準ずる事業として公共下水道を設置する場合において、その設置により著しく利益を受ける土地所有者が都市計画法その他の法令の規定に基づき負担する受益者負担金については、繰延資産の償却期間にかかわらずその償却期間を6年とする。

　受益者負担金は分割納付を認める市町村が多く見られますが、分割納付の期間によって会計処理が変わります。

■ ❶ 分割納付の期間が3年以下の短期間 ■

　受益者負担金の総額を償却期間6年で償却していきます。

　受益者負担金の総額が確定していても、❶のようにその総額を未払計上して6年で償却することは認められていません。

　この場合には、その事業年度中に支払った支払額を順次、繰延資産の金額に加算して償却していきます。

　例を挙げて説明します。

受益者負担金の総額	⇨	180万円
償却期間	⇨	6年
分割納付の期間	⇨	5年
1年あたりの支払額	⇨	36万円

1年目の償却額の計算	⇨	36万円 ÷ 6年 = 6万円
2年目の償却額の計算	⇨	（36万円 + 36万円）÷ 6年 = 12万円
3年目の償却額の計算	⇨	（36万円 + 36万円 + 36万円）÷ 6年 = 18万円
4年目の償却額の計算	⇨	（36万円 + 36万円 + 36万円 + 36万円）÷ 6年 = 24万円
5年目の償却額の計算	⇨	（36万円 + 36万円 + 36万円 + 36万円 + 36万円）÷ 6年 = 30万円
6年目の償却額の計算	⇨	（36万円 + 36万円 + 36万円 + 36万円 + 36万円）÷ 6年 = 30万円
7年目の償却額の計算	⇨	（36万円 + 36万円 + 36万円 + 36万円 + 36万円）÷ 6年 = 30万円
8年目の償却額の計算	⇨	（36万円 + 36万円 + 36万円 + 36万円 + 36万円）÷ 6年 = 30万円

　このように計算していきます。

上級編

次の（1）～（3）の要件を満たした場合には、その支出日の属する事業年度に損金に算入することができるとされています。

> （1）繰延資産の償却期間以上にわたって分割して徴収されるもの
> （2）分割して徴収される負担金の額がおおむね均等額
> （3）その徴収がおおむね負担金にかかる施設の工事の着手後に開始されるものであること

消費税にも違いがある

水道加入金は消費税がかかります。

水道加入金のほかに、水道工事を行う前の設計に関する審査と、水道工事を行ったあとの検査があり、その費用を請求されることがあります。**これらは行政手数料ということで消費税は非課税**になります。

下水道受益者負担金は消費税がかかりません。根拠条文は次のとおりです。

【消費税法基本通達11-2-8（公共施設の負担金等）】

国若しくは地方公共団体の有する公共的施設又は同業者団体等の有する共同的施設の設置又は改良のため、国若しくは地方公共団体又は同業者団体等がこれらの施設の利用者又は受益者から受ける**負担金、賦課金等で、当該国若しくは地方公共団体又は同業者団体等において、資産の譲渡等の対価に該当しないこととしているものについては、当該負担金、賦課金等を支払う事業者においても、課税仕入れに係る支払対価に該当しない**のであるから留意する。

（注）

負担金等が例えば専用側線利用権、電気ガス供給施設利用権、**水道施設利用権、電気通信施設利用権等の権利の設定等に係る対価と認められる等の場**

合には、当該負担金等は、それを支払う事業者において**課税仕入れに係る支払対価に該当する**。

償却資産税がかかる資産とは？

193ページで、新築物件の場合、工事請負契約の金額をすべて建物本体として計上してしまうと、償却資産税にも影響が出るので注意が必要と書きました。ここで詳細を説明します。

まずは、「**償却資産税**」とは何かを簡単に説明します。

土地と家屋以外の事業用資産のことを償却資産といい、その償却資産の評価額に対して税率1.4％が課せられます。その税金が償却資産税です。

イメージがわきにくいと思いますので例を2つ挙げます。

例❶　立体駐車場のケース

立体駐車場を設置した場合、構造体、外壁、屋根その他の建物を構成する部分は**「家屋」として扱われ、固定資産税が課せられる**ので、償却資産の対象にはなりません。

一方、「家屋」以外の機械部分については償却資産の対象になります。

例❷　看板のケース

収益物件の建物の屋上に設置した看板、敷地に設置した野立て看板のように容易に移動できないものだけでなく、建物のエントランスなどに取り付けた移動の容易な看板については、償却資産の対象になります。

そのほか不動産賃貸業でよく出てくる償却資産は、

上級編

- ・アスファルト舗装
- ・ロードヒーティング
- ・屋外受水槽
- ・植栽（花壇）
- ・外構、塀
- ・防犯カメラ
- ・インターネット設備
- ・ルームエアコン
- ・消火器
- ・集合ポスト
- ・太陽光発電設備

などになります。

　もし新築物件の工事請負契約の金額をすべて建物として計上してしまうと、**償却資産の対象になるものがあるにもかかわらず、すべてが「家屋」として認識**されてしまいます。

　194〜195ページの図4-18「新築建物按分表」の例でいうと、外構工事として「構築物」という勘定科目で集計された金額については償却資産として申告しなければならないのです。

　ですので、**新築物件を建てた場合は、工事の内容ごとに分けるとともに、償却資産の対象になるかどうかも判断が必要**です。

　仮に、新築工事請負契約の金額をすべて建物として計上し、償却資産税の申告をしなかった場合、「本当に償却資産の対象になるものはないのでしょうか？」と、物件所在地の役所から連絡がくることもあります。「工事請負契約の明細を見せてください」といわれることもあります。また、新築物件が建っている現地をチェックした上で、償却資産税の申告内容と相違ないかを確認する場合もあります。

　思いのほかあなどれない税金ですので注意してください。

償却資産税は、その事業用資産が償却資産の対象になるのか、もしくは対象にならず「家屋」として考えるのかが非常にわかりにくく、間違って償却資産税を申告しているケースが見受けられます。

　たとえば、新築物件の電気、ガス、給排水設備や建物内部の鉄骨階段、備え付けカップボード、システムキッチン、備え付け可動棚は、家屋に固定されて構造上一体となっているため申告が不要となります。間違って申告していないか一度ご自分の申告書をチェックしてみてください。

　償却資産の対象になるかどうかの判断基準の1つとして、次の考え方を覚えておくとよいと思います。

「家屋」になるもの
・家屋に固定されて構造上一体となっているもの
・家屋に固定されていない配線などであっても、壁、天井、床などの裏側に取り付けられているものは家屋と構造上一体となっているものと考える

「償却資産」になるもの
・取り外しが容易で、別の場所に自在に移動できるもの
・屋外のように家屋から独立して設置されたもの
・建築設備の一部であっても消耗品に属するもの（たとえばクーラーのような電気設備、照明器具設備における電球、蛍光管など）

上級編

4-7

海外中古不動産の減価償却費には要注意

日本国内に所在する不動産の減価償却費についてお伝えしてきましたが、海外の不動産に関する減価償却費についても知っておきましょう。個人が所有する海外中古不動産の減価償却に関して大きな改正がありましたので、ここではその点を中心に説明します。

☑ 個人が所有する海外中古不動産が節税対策に使われてきた理由を知る。
☑ 令和3（2021）年からの改正内容を理解する。

なぜ海外中古不動産は節税になったのか

海外の中古不動産を活用して節税するという話を、どこかで聞いたことがある方も多いでしょう。

しかし、**個人が所有する海外の中古不動産を使った節税スキームは、令和2（2020）年度に改正が入りました。令和3年分以降の所得税の確定申告では使えなくなった**ということです。

まずは、改正前の節税スキームがどのようなものであったのかを説明します。

この節税スキームの根本は、海外の物件は中古が主流というところからきています。

日本では木造の建物は税法上の耐用年数が22年ですが、海外だと木造の建物でも100年以上もつものが多くあります。建物の価値が落ちないので、建物価額が高くなる傾向があります。

そして、日本の税法に則って償却すると、築年数が22年以上経っている木造住宅は4年で償却できることになります。

中古資産の耐用年数

法定耐用年数を全部経過したもの　⇨　法定耐用年数 × 20％で計算される

22年 × 20％ ＝ 4.4年　⇨　4年となる

　高い減価償却費を物件所有してから4年間計上できるため、不動産所得が大きくマイナスになり、給与所得と損益通算することで所得税、住民税の節税になります。

　実際にどのくらい節税になるのかを計算してみます。
　課税所得2,000万円で、所得税と住民税の税率が合計で50％の個人が、次のようなアメリカに所在する木造中古戸建てを購入したとします。

図4-20　前提条件

物件価格	5,000万円
建物土地割合	建物：土地 ＝ 4,000万円：1,000万円
築年数	30年
耐用年数	22年 × 20％ ＝ 4.4年　⇨　4年
家賃年収	400万円
固定資産税などの経費	200万円
減価償却費	4,000万円 ÷ 4年 ＝ 1,000万円
売却時期	6年目（長期譲渡所得）
売却価格	5,000万円

❶ 購入前
課税所得　⇨　2,000万円
所得税、住民税　⇨　731万円

上級編

❷ 購入後（1年目〜4年目）
Ⓐ 既存の課税所得　⇨　2,000万円

Ⓑ 不動産所得
家賃収入　　　　　　　　　　400万円
固定資産税などの経費　　　△200万円
減価償却費　　　　　　　△1,000万円
　　　　　　　　　　　　　△800万円

Ⓐ ＋ Ⓑ ＝ 1,200万円
所得税、住民税　⇨　367万円

1年間の節税効果 ＝ 731万円 － 367万円 ＝ 364万円
4年間の節税効果 ＝ 364万円 × 4年 ＝ 1,456万円

　ただし、この節税の反動は、減価償却費がゼロになる5年目以降と売却時に発生します。

　まずは購入後5年目の状況を計算してみます。

❸ 購入後5年目
Ⓐ 既存の課税所得　⇨　2,000万円

Ⓑ 不動産所得
家賃収入　　　　　　　　　　400万円
固定資産税などの経費　　　△200万円
減価償却費　　　　　　　　　　0円
　　　　　　　　　　　　　200万円

A + **B** = 2,200万円

所得税、住民税 ⇨ 833万円

5年目の節税効果 = 731万円 － 833万円 = △102万円

④ 購入後6年目に売却

売却益 ⇨ 売価5,000万円 － 簿価（土地）1,000万円
　　　　　　　= 4,000万円

納税額 ⇨ 4,000万円 × 長期譲渡所得税率20.315% = 812万円

※日本の税法では、5年超経った不動産の売却に対する税率は20.315%。

② の節税効果額	1,456万円
③ の節税効果額	△102万円
④ の納税額	△812万円
6年間の節税効果額	542万円

このようになるため、海外不動産を購入すると節税効果があるといわれていたのです。

所得税＋住民税率は15%〜55%なので、**所得が高く税率が高い人ほど、海外不動産を所有しているときと売却するときの税率の差が発生するため節税になった**わけです。

改正後の税金をシミュレーションする

海外中古不動産の減価償却費に関する法改正が行われた背景は、国内居住の高額所得者が、海外に所在する中古不動産を取得し、海外の不動産事情に即していない短い耐用年数を使った減価償却費の計上により不動産所得の損失を生じさせ、これを給与所得や事業所得と損益通算することによって所得税額を減少させる事例が多く見られたことにあります。

上級編

どのように改正されたのか、令和3（2021）年分から適用される海外の中古不動産にかかる改正内容を記載します。

【国外中古建物の不動産所得に係る損益通算等の特例】

（1）**個人が、令和3年以後の各年において、国外中古建物から生ずる不動産所得を有する場合においてその年分の不動産所得の金額の計算上国外不動産所得の損失の金額があるときは、その国外不動産所得の損失の金額のうち国外中古建物の償却費に相当する部分の金額は、**所得税に関する法令の規定の適用については、**生じなかったものとみなす。**

（注1）上記の「国外中古建物」とは、個人において使用され、又は法人において事業の用に供された国外にある建物であって、個人が取得をしてこれをその個人の不動産所得を生ずべき業務の用に供したもののうち、**不動産所得の金額の計算上その建物の償却費として必要経費に算入する金額を計算する際の耐用年数を次の方法により算定している**ものをいう。

① 法定耐用年数の**全部を経過した資産についてその法定耐用年数の20%に**相当する年数を耐用年数とする方法

② 法定耐用年数の**一部を経過した資産についてその資産の法定耐用年数から経過年数を控除した年数に、経過年数の20%に相当する年数を加算した**年数を耐用年数とする方法

③ その用に供した時以後の**使用可能期間の年数**を耐用年数とする方法（その耐用年数を国外中古建物の所在地国の法令における耐用年数としている旨を明らかにする書類その他のその使用可能期間の年数が適切であることを証する一定の書類の添付がある場合を除く。）

（注2）上記の「国外不動産所得の損失の金額」とは、不動産所得の金額の計算上生じた国外中古建物の貸付けによる損失の金額（その国外中古建物以外の国外にある不動産等から生ずる不動産所得の金額がある場合には、当該損失の金額を当該国外にある不動産等から生ずる不動産所得の金額の計算上控除してもなお控除しきれない金額）をいう。

（2）上記（1）の適用を受けた国外中古建物を譲渡した場合における**譲渡所得の金額の計算上、その取得費から控除することとされる償却費の額の累計額からは、上記（1）によりなかったものとみなされた償却費に相当する部分の金額を除く**こととすることその他の所要の措置を講ずる。

　この内容をまとめると、次の2点が重要になります。

❶ 国外中古建物※の貸付により損失が生じている場合、その**損失の原因となっている部分の減価償却費に相当する金額は生じなかったものとみなす。**

※不動産所得の金額の計算上、減価償却費として必要経費に算入する金額を、「簡便法」または「一定の書類の添付がない見積法」により算定された耐用年数により計算している国外にある建物。

❷ 国外中古建物を譲渡した場合の譲渡所得の金額の計算上、その**取得費から、上記の❶により「なかったもの」とみなされた金額に相当する減価償却費は控除しない。**

　そしてもう1つ注意してもらいたいのは、**この改正では国外中古建物の償却費に相当する部分の金額のみを規制対象としていて、減価償却費以外の経費により生じた損失の金額は規制しない**ことです。

　205ページと同じ条件で、改正後についても計算してみます。

---

❶ 購入前
課税所得　⇨　2,000万円
所得税、住民税　⇨　731万円

❷ 購入後（1年目〜4年目）
Ⓐ 既存の課税所得　⇨　2,000万円

---

❸ 不動産所得

家賃収入	400万円
固定資産税などの経費	△200万円
減価償却費	△1,000万円
	△800万円 ⇨ 0円

減価償却費相当額1,000万円 ＞ 800万円

∴800万円の損失は生じなかったものとみなす

❹ ＋ **❸** ＝ 2,000万円

所得税、住民税 ⇨ 731万円

1年間の節税効果 ＝ 731万円 － 731万円 ＝ 0円

4年間の節税効果 ＝ 0円

❸ 購入後5年目

❹ 既存の課税所得 ⇨ 2,000万円

❸ 不動産所得

家賃収入	400万円
固定資産税などの経費	△200万円
減価償却費	0円
	200万円

❹ ＋ **❸** ＝ 2,200万円

所得税、住民税 ⇨ 833万円

5年目の節税効果 ＝ 731万円 － 833万円 ＝ △102万円

❹ 購入後6年目に売却

売却益 ⇨ **売価5,000万円 − 簿価（土地）1,000万円 − 建物 3,200万円 ＝ 800万円**

損益通算を規制された海外中古建物の償却費相当額 800万円 × 4年 ＝ 3,200万円

納税額 ⇨ 800万円 × 長期譲渡所得税率20.315% ＝ 162万円

※日本の税法では、5年超経った不動産の売却に対する税率は20.315%。

❷ の節税効果額	0円
❸ の節税効果額	△102万円
❹ の納税額	△162万円
6年間の節税効果額	△264万円

　数字を確認してもらえばわかるとおり、令和3（2021）年以降は海外中古不動産を購入したとしても、所得税、住民税の節税にはつながらないということです。

　このような税制改正が入ったわけですが、次のような場合は今回の改正の影響を受けません。あくまで個人で海外の中古不動産を所有した場合が対象であることに注意してください。

❶ 法人で購入した場合（中古、新築を問わず）
❷ 個人で海外不動産を所有しているが新築で購入した場合
❸ 個人で中古の海外不動産を所有しているが、耐用年数省令で定める耐用年数をそのまま用いている場合

プライベートカンパニーからの退職金

　私たちの税理士法人のお客様はサラリーマン大家さんが多いです。給与年収が高いため、収益物件は個人名義ではなく法人名義で購入し、その法人の役員になっています。そんななか、本業の会社を定年退職したり、早期退職されることがあります。そうすると退職時に勤務先から退職金をもらいますが、退職金は所得税法上、退職所得となり、原則として次のように計算します。

退職所得の金額 ＝ （退職金の金額 － 退職所得控除額）× $\frac{1}{2}$

　退職所得控除額は次のように求めます。

勤続年数（＝A）　※1年未満の端数が生じたときは切り上げます。
20年以下 $\Rightarrow$ 40万円 × A（80万円に満たない場合には、80万円）
20年超 $\Rightarrow$ 800万円 ＋ 70万円 × （A － 20年）

　本業の会社を退職後、専業大家となり、将来的に収益物件を保有している法人からも退職する時期がくるでしょう。しかし、本業の会社から退職金をもらってから一定期間内に収益物件を保有する法人を退職すると、退職所得控除の勤続年数の部分が調整され、退職所得控除が最大限使えなくなります。退職するタイミングは要注意です。
　その一定期間とは、「退職した年とその前年4年間」となります。例を挙げましょう。

❶ 本業であるA社に2002年4月1日に入社する
❷ 本業のかたわら収益物件を保有するB法人を2014年12月1日に設立し、代表者に就任する
❸ A社を2022年3月31日に退職し、退職金2,000万円をもらう
❹ B社を2026年11月30日に退職し、退職金1,000万円をもらう

　A社を退職したときの退職所得は、{2,000万円－（40万円×20年）}× $\frac{1}{2}$ ＝600万円 。
　B社から退職金をもらった場合は、退職者の勤続年数は12年なので、単純に考えるなら退職所得控除額は 40万円 × 12年 ＝ 480万円 になるはずです。しかし、退職者はその年の前年以前4年以内にA社からも退職金を受け取っています。そして、両社の勤続期間には重複している期間（7年4カ月）があるので、B社の退職金から控除する退職所得控除額から、その重複期間に相当する退職所得控除額を減額します。

減額する退職所得控除額 ＝ 40万円 × 7年（1年未満切り捨て） ＝ 280万円
B社の退職金から控除できる退職所得控除額 ＝ 480万円 － 280万円 ＝ 200万円
B社の退職所得 ＝ （1,000万円 － 200万円）× $\frac{1}{2}$ ＝ 400万円

　このように控除額が減額されてしまうので、複数の会社から退職金を受け取るのであれば、5年以上期間を空けて退職するほうが節税効果があります。

第**5**章

質問集編
さらに掘り下げるための
11の問い

最終章となるこの章では、主に私が実務で経験したことを質問集形式にしています。

Q1 ～ Q9までは、次のような質問をまとめています。

・減価償却において誤解しやすい点、税理士でも間
　違えやすい点
・私が日常業務のなかでお客様から頻繁に受ける質問
・イレギュラー（特殊な論点）が発生したときに迷う点

Q10は減価償却には直結しませんが、不動産投資のかなめといえる融資情報をまとめています。

最後のQ11は、減価償却以外にお勧めしている節税対策を記載しています。

Q1 減価償却費を調整して計上した場合、税務署に指摘されることはありませんか？

A そのような心配はいりません。

解説　減価償却資産について、その償却費として損金算入が認められる金額は、法人が償却費として損金経理をした金額のうち、法令で定められる償却限度額に達するまでの金額とされています。つまり、**減価償却費の損金算入は、法人が損金経理するか否か、法人の自由な判断に委ねられています。**

したがって、法人の判断で損金経理をしないということであれば、企業会計上は別として、課税上問題が生じることはありません。

なお、償却費の損金算入は、損金経理が要件とされており、申告調整で損金に算入することはできませんので注意してください。

Q2 個人の場合、強制償却なので減価償却費を計上していかなければなりませんが、売却時には簿価が減少しているため、売却益が多額になる可能性が高くなります。その際にできる節税対策はありませんか？

A 効果的なのは、ふるさと納税です。

解説　ふるさと納税は、自分が応援したい市区町村へ寄付することで税金が控除される制度です。寄付する市区町村ごとに、その地域の特産品がもらえます。

寄付しなければ単に国税と地方税で税金を納めるだけですが、寄付することで税金が控除される上、さまざまな返礼品がもらえ

るのでお得です。

　ふるさと納税では、寄付した額から自己負担金2,000円を引いた金額が、所得税、住民税から控除されます。たとえば、1万円を寄付すると、2,000円が自己負担となり、8,000円が所得税、住民税から差し引かれます。

　不動産の売却益（譲渡所得）は、同じ所得税のなかでも給与所得や不動産所得とは異なり、「申告分離課税」といって、ほかの所得と分離して税額を計算し、確定申告によりその税額を納めることになります。

　税率は、譲渡した年の1月1日現在の所有期間が5年以下で売却した不動産の売却益は、所得税率30.315％、住民税率9％になります。これを「短期譲渡所得」といいます。5年を超えて売却した不動産の売却益は「長期譲渡所得」となり、所得税率15.315％、住民税率5％になります。

　不動産の売却益（譲渡所得）がある場合は、課税対象となる所得が増えることで、所得税、住民税の税額が増えることになるため、ふるさと納税を活用して税額控除できる上限金額も増えることになります。

質問集編

Q3 個人の場合、収益物件の売却を行った年の不動産所得に、期首から売却月までの減価償却費を計上するのでしょうか？

A 収益物件売却時の減価償却費については有利なほうを選択します。

解説

　個人の不動産投資家が、年の中途で収益物件を売却したケースです。

　基本的な話として、売却年の前年から所有していた物件をその

年の途中で売却した場合、その物件にかかる減価償却費は期首から売却月の分だけを不動産所得の必要経費として計上することになります。

1年分の減価償却費ではなく、月数で按分するということです。

売却したということは、不動産所得の申告だけでなく、譲渡所得の申告も必要になってきます。

譲渡所得は、 売却価格 － 取得費 － 譲渡費用 で計算します。

取得費は、物件にかかる減価償却費（期首から売却月の分だけ）を不動産所得の必要経費として計上した場合、売却年の期首簿価からその減価償却費を控除したあとの金額になります。

しかし、**物件にかかる減価償却費（期首から売却月の分だけ）を不動産所得の必要経費として計上しないこともできます。**

不動産所得の必要経費として減価償却費を計上しない場合の取得費は、売却年の期首簿価がそのまま取得費となります。

この方法を選択した場合、不動産所得に減価償却費を計上する場合と比べて当然、取得費の金額が大きくなります。

この2つの方法は、どちらを選択することもでき、納税者が有利な方法で申告を行ってもよいことになっています。

一般的に、不動産所得にかかる税率と譲渡所得にかかる税率を比べて、不動産所得にかかる税率が高ければ、不動産所得に減価償却費を計上したほうが有利になりやすく、譲渡所得にかかる税率が高ければ、不動産所得に減価償却費を計上しないほうが有利になりやすいです。

具体的に数字を挙げて説明しましょう。次のような収益物件を売却したとします。

取得価額	1,500万円
2021年1月1日における簿価(未償却残高)	1,000万円
売却日までの減価償却費	100万円
売却価額	2,000万円

　2021年分の確定申告にあたり、❶もしくは❷のどちらかを選択できます。

---

❶ 減価償却費を計上した場合
不動産所得の必要経費　⇨　100万円
譲渡所得の計算　⇨　2,000万円 － (1,000万円 － 100万円)
　　　　　　　　　　 ＝ 1,100万円

---

❷ 減価償却費を計上しなかった場合
不動産所得の必要経費　⇨　0円
譲渡所得の計算　⇨　2,000万円 － 1,000万円 ＝ 1,000万円

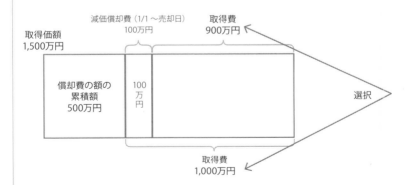

Q4 収益物件購入のため、知人に情報提供料として報酬を支払った場合、どのような会計処理になりますか？

A 知人が不動産業者かどうかや契約などの内容によります。

解説

　土地、建物などの不動産を購入によって取得する場合の取得価額は、購入代価のほかに、購入手数料などの購入のために要した費用の額と当該不動産を事業の用に供するために直接要した費用の額を加算した金額となります（法令54〔1〕一）。

　そのため、不動産の購入のために支払った情報提供料の報酬は不動産の取得価額に算入となります。

　ただ、支払う情報提供料が単純に取得価額に算入されて処理終了となるのは、取引の仲介を業とする不動産業者に支払った場合です。

　これに対し、**取引の仲介を業としない者に支払う情報提供料で、それを支払うことがあらかじめ契約などにより明らかにされているものでなく、単なる情報提供の謝礼として支払う場合は交際費に該当**します。

　取引の仲介を業としない者に支払う情報提供料が交際費に該当するかどうかは、次の場合には、金品の交付は正当な対価の支払いと認められるので交際費に該当しないと扱われます（措通61の4（1）-8）。

> （1）金品の交付があらかじめ締結された契約に基づくものであること
> （2）提供を受ける役務の内容がその契約により具体的に明らかにされており、かつ、これに基づいて実際に役務の提供を受けていること

（3）交付される金品が提供を受けた役務の内容に照らし相
当な額であること

　したがって、上記の3つの要件を満たさないときには交際費と
なります。

　知人に情報提供料として報酬を支払った場合であれば、知人が
不動産業者でなく、また知人との間に事前に情報提供について契
約などもなく、結果的な成功報酬として謝礼を支払うとした場合
には、支払う情報提供料は交際費に該当します。

Q5 入居促進のためにインターネット設備を収益物件に導入しました。各戸への配線などLAN工事にかかる設備代金を資産計上しましたが、耐用年数は何年になりますか？

A LAN設備を構成する個々の資産ごとに耐用年数を適用します。

解説

　かつての、旧耐用年数取扱関係通達2−7−6の2では、LAN設
備の耐用年数について、LAN設備を構成する個々の減価償却資産
の全体を1つの減価償却資産として6年の耐用年数により償却費
の計算を行っている場合には、それを認めることとされていまし
た。

　この取扱通達は、平成14（2002）年2月15日付課法2−1ほか
「法人税基本通達等の一部改正について（法令解釈通達）」により
廃止されました。

　したがって、現在では、**LAN設備はこれを1つの減価償却資産
として判定することはできず、LAN設備を構成する個々の資産
ごとに耐用年数を適用して減価償却費の計算を行う**ことになりま
す。

質問集編

LAN設備を構成する個々の資産ごとの耐用年数は、一般的に次のような年数を適用することになると考えられます。

パソコン	4年	「器具及び備品」「事務機器及び通信機器」「電子計算機」「パーソナルコンピュータ」
サーバー	5年	「器具及び備品」「事務機器及び通信機器」「電子計算機」「その他のもの」
ルーター	10年	「器具及び備品」「事務機器及び通信機器」「電話設備その他の通信機器」「その他のもの」
同軸ケーブル	18年	「建物附属設備」「前掲のもの以外のもの及び前掲の区分によらないもの」「主として金属製のもの」

Q6
収益物件として中古のRCマンション1棟を法人で購入し、不動産賃貸業を行っています。このマンションは、築10年を経過していたため、簡便法により法定耐用年数の39年を適用して償却計算をしています。購入から3年後、法定耐用年数39年で償却するのは長いのではと思い、本年分の確定申告から原則法の見積耐用年数を適用したいと思っていますが、できますか？

A | 適用できません。

解説
　中古資産を取得して業務の用に供した場合には、次の耐用年数を適用することができます。

原則法

　中古資産を取得して業務の用に供した場合に、減価償却費の計算上適用する耐用年数は、取得後の中古資産の使用可能期間（残

存耐用年数）を見積もり、その年数とすることができます。

簡便法

取得した中古資産が建物、構築物などのように個別の耐用年数が定められている資産で、使用可能期間を見積もることが困難な場合には、簡便法により計算した年数をその資産の残存耐用年数とすることができます。

原則法とされる中古資産の使用可能期間の見積もりは、業務の用に供した年（質問の場合は3年前）に適用することにより認められる特例です。

最初に適用した耐用年数を変更することはできず、継続して適用することになります。したがって、**原則法を適用するか、簡便法を適用するかは購入年に決めなければなりません。**

Q7 収益物件のエントランスの装飾用として絵画や置物を購入しました。全額を経費に算入できますか？

A できる場合とできない場合があります。

解説　絵画や置物を購入した場合は次のような処理が考えられます。

- ・全額経費になる場合
- ・減価償却資産として減価償却費相当額を経費に算入する場合
- ・まったく経費に算入できない場合

書画、骨とうのように、時の経過によりその価値が減少しない資産は減価償却資産に該当しません。次に示すものは、原則とし

て価値が減少しない資産に該当するものとして取り扱うとされています。

> ❶ 古美術品、古文書、出土品、遺物などのように歴史的価値または稀少価値を有し、代替性のないもの
> ❷ 美術関係の年鑑などに登載されている作者の制作にかかる書画・彫刻、工芸品など
>
> ※書画、骨とうに該当するかどうか明らかでない美術品などで、その取得価額が1点20万円（絵画は号2万円）未満であるものについては、減価償却資産として取り扱うことができます。

　つまり、**購入した絵画や置物が❶・❷に示した資産に該当するのであれば、減価償却資産に該当しないことになり、それ以外の資産であれば減価償却資産として減価償却を通じて各年の必要経費に算入される**ことになります。

　なお、絵画や置物などが少額の減価償却資産に該当する場合は、購入費用の全額が購入した年の経費に算入されることになります。

Q8 5階建て鉄筋コンクリート造のビルを新築し、1階を店舗、2階を事務所として使用し、3階〜5階を住宅として賃貸することにしましたが、この建物の減価償却費は何年の耐用年数で計算すればよいですか？

A 建物の主たる使用目的が何であるかで決まります。

解説　**2つ以上の用途に使用されている建物の耐用年数は、主たる使用目的により判定する**ことになっています。ですので、今回の場合には建物全体について住宅用の耐用年数47年で計算することに

なります。

　建物のように同一の減価償却資産について用途により異なる耐用年数が定められている場合、建物が2つ以上の用途に共通して使用されているときの耐用年数は、次のように扱われます（耐用年数通達1－1－1、1－2－4）。

1　同一の減価償却資産について、その用途により異なる耐用年数が定められている場合において、減価償却資産が2以上の用途に共通して使用されているときは、それぞれの用途ごとに個別に減価償却を行うのではなく、その建物の主たる使用目的が何であるかを、使用状況等より勘案して合理的に判定し、主となる一種類の用途、つまり主となる一種類の耐用年数を適用することとされている。この場合、適用する耐用年数の判定は、各年で行うのではなく、その判定となった事実が著しく異ならない限り、継続して適用することとされている。

2　1の例外として、一つの建物を2以上の用途に使用するため、建物の一部について特別な内部造作その他の施設をしている場合、たとえば、鉄筋コンクリート造の6階建のビルのうち、1階から5階までを事務所に使用し、6階を劇場に使用するため、6階について特別な内部造作をしている場合には、耐用年数別表第一の「建物」の「細目」に掲げる2以上の用途ごとに区分して、その用途について定められている耐用年数をそれぞれ適用することができることとされている。ただし、鉄筋コンクリート造のビルの地階等に付属して設けられている電気室、機械室、車庫又は駐車場等のようにその建物の機能を果すのに必要な補助的部分（専ら区分した用途に供されている部分を除く。）についてはこれを用途ごとに区分しないで、主たる用途について定められている耐用年数を適用することとなっている。

つまり、1階を店舗、2階を事務所として使用し、3階〜5階を住宅として賃貸することから、ほかに特別な事情がない限り用途別床面積から見て、建物全体について住宅用の耐用年数47年を適用すべきものと判断されます。

Q9

中古の築古木造物件を3,000万円で取得しました。3,000万円の内訳は、土地が2,500万円で、建物が500万円。この物件はすでに法定耐用年数22年を経過していたので、外壁や内装について大規模修繕をし、1,500万円の費用がかかりました。法定耐用年数を経過しているので、簡便法による4年の見積耐用年数（22年 × 20％ ＝ 4年）を用いて償却してもよいでしょうか？　再取得価額、すなわち新品の価額は2,500万円です。

A この場合は簡便法を適用できません。

解説

　　事業の用に供するために支出した修繕、改良の費用は、中古資産の取得価額に含めて減価償却費を計算することになっています。

　　また、中古資産を事業の用に供した場合の耐用年数は、事業の用に供したとき以後の使用可能期間の年数を用いることができるとされています。

　　しかし、**事業の用に供するにあたって支出した修理、改良などの金額が、資産の再取得価額の50％に相当する金額を超えるときは、見積耐用年数によるのではなく、法定耐用年数で償却**しなければなりません。

　　つまり、質問の場合には、築古木造物件の修理、改良などの費用が1,500万円で、築古木造物件の再取得価額（新品の価額2,500万円）の50％を超えているので、建物の取得価額500万円 ＋ 大

$\boxed{\text{規模修繕費 1,500 万円 = 2,000 万円}}$ を取得価額とし、法定耐用年数22年により償却することになります。簡便法による耐用年数で償却することはできませんので注意してください。

Q10 不動産投資のかなめともいえる各金融機関の融資の現状を教えてください。

A **2020年1月時点のものになりますが、金融機関ごとに調査した情報を示します。**

解説　　直接つながりのある各金融機関について、それぞれ次の項目を調査しました。

❶ 融資基準

❷ 金利

❸ 返済期間（耐用年数切れの場合）

❹ フルローンの条件

❺ 頭金の有無

❻ 最低年収

❼ 法人の可否

❽ 諸費用ローン

❾ 土地先行取得（つなぎ融資）

❿ 対象エリア

⓫ 繰上返済手数料

質問集編

りそな銀行

融資基準	土地価格分の30%に相当する資産力があるかないか
金利	変動金利2.475%、固定金利3%台 団体信用生命保険加入の場合は＋0.3%
返済期間 （耐用年数切れの場合）	重量鉄骨・RC　⇨　35年 － 築年数 軽量鉄骨・木造　⇨　30年 － 築年数
フルローンの条件	フルローン不可
頭金の有無	2割〜3割必要
最低年収	年収制限なし
法人の可否	法人OK
諸費用ローン	諸費用ローン不可
土地先行取得（つなぎ融資）	つなぎ融資可能
対象エリア	全国が対象
繰上返済手数料	

オリックス銀行

融資基準	建物の収益還元評価を重視 年収の10倍が借入限度額になる （給与収入 ＋ 不動産収入 × 70%）× 10
金利	3年固定1.975%〜（団信込み） 融資事務手数料（借入金額 × 1.1%）がかかる
返済期間 （耐用年数切れの場合）	・最長35年 　木造・軽量鉄骨　⇨　40年 － 築年数

	重量鉄骨 ⇨ 45年 − 築年数 RC・SRC ⇨ 55年 − 築年数
フルローンの条件	物件評価次第でフルローン可能
頭金の有無	原則1割（5%の場合もあり）
最低年収	借入限度額が年収の10倍なので高ければ高いほどよい
法人の可否	法人OK
諸費用ローン	基本的に難しい
土地先行取得（つなぎ融資）	つなぎ融資不可
対象エリア	銀行の営業エリア 不動産の所在地が首都圏、近畿圏、名古屋市、福岡市
繰上返済手数料	残債 × 2%

千葉銀行（個人で1棟目を購入する場合）

融資基準	積算評価以内で、1億円まで（支店によって判断がまったく変わる可能性あり）
金利	固定金利 ⇨ 3年固定 2.85%、5年固定 3.35% 変動金利 ⇨ 2.475%〜
返済期間 （耐用年数切れの場合）	・35年が最長（耐用年数、構造は関係なし） ・75歳までに返済が完了するように
フルローンの条件	積算評価以内であれば可能
頭金の有無	売買価格 − 積算評価 ＝ 頭金
最低年収	年収制限はなし（総合的な判断）

質問集編

法人の可否	
諸費用ローン	積算評価以内であれば諸費用ローン可能
土地先行取得（つなぎ融資）	つなぎ融資は総合的な判断
対象エリア	居住地と購入物件の両方が支店の近くにあること
繰上返済手数料	

千葉銀行（個人で2棟目以降を購入する場合、法人で購入する場合）

融資基準	積算評価は関係なく、総合的な資産背景や収入で判断
金利	1%〜2%（個別対応してもらえる）
返済期間 （耐用年数切れの場合）	耐用年数以内（35年が上限）
フルローンの条件	フルローンは総合的な判断
頭金の有無	頭金は総合的な判断
最低年収	年収制限はなく、総合的な判断
法人の可否	法人OK
諸費用ローン	諸費用ローンOK
土地先行取得（つなぎ融資）	つなぎ融資可能
対象エリア	居住地と購入物件の両方が支店の近くにあること
繰上返済手数料	

横浜銀行

融資基準	・資産背景の観点 資産 ÷ 負債 = 1.1であること 負債は法人と個人の負債をすべてカウントする 資産は、建物は固定資産税評価額、土地は固定資産税評価額 ÷ 0.7で計算 この資産と負債のなかには次に購入したい物件が含まれている ・決算書の観点 貸借対照表 ⇨ 土地建物を時価評価し、債務超過になっていないかどうか確認 　　　　　　役員借入金は保証人になる前提で資本金と同様に見てくれる 損益計算書 ⇨ 経常利益 ÷ 2 ＋ 減価償却費 × 0.7 ＋ 支払利息 をキャッシュフローと見る 　　　　　　経常利益が赤字の場合は $\frac{1}{2}$ にしない
金利	10年固定金利 ⇨ 1.1%〜 1.5% 変動金利 ⇨ 3.1% TIBORレートを採用する場合は1%以下にできる（ただし元金均等による返済が条件）
返済期間 （耐用年数切れの場合）	新築の場合は最大35年 基本的に、耐用年数 − 築年数 ＝ 借入期間 （劣化等級2級以上の物件なら木造でも35年が可能な場合あり）
フルローンの条件	フルローンは不可（不動産をたくさん所有する地主であれば、相続対策、節税目的で可能な場合あり）
頭金の有無	頭金は2割以上
最低年収	年収は1,000万円以上が目安

法人の可否	法人OK
諸費用ローン	諸費用ローン不可
土地先行取得（つなぎ融資）	つなぎ融資可能
対象エリア	支店のあるところから電車で30分以内に居住地があるか購入物件があるか、どちらかでOK（千葉県、埼玉県はNG）
繰上返済手数料	固定金利の場合 ⇨ 固定期間内で本来支払うべき金利相当額 変動金利の場合 ⇨ 手数料なし

スルガ銀行

融資基準	・金融資産を重視 ・次に購入したい物件の購入価格の3割〜4割を金融資産で保有していること ・金融資産に含めるものとしては、現預金、有価証券、積立の保険、セーフティ共済などがある ・法人・個人で合算できる ・奥さんが保証人に入ってくれるなら奥さんの金融資産を加えてもOK
金利	金利2.0%〜 2.2%〜 3.0% 最低優遇金利 ⇨ 1.5%
返済期間 （耐用年数切れの場合）	・中古木造、軽量鉄骨 ⇨ 50年 − 経過年数 ・重量鉄骨、RC、SRC ⇨ 60年 − 経過年数 ・築古は新耐震のみ ・建築確認済証がないとダメ ・期間は81歳完済で計算 ・新築　木造、軽量鉄骨 ⇨ 30年 　　　　重量鉄骨、RC　　⇨ 35年

フルローンの条件	フルローンは厳しい
頭金の有無	自己資金1割が目安
最低年収	年収制限なし
法人の可否	・法人OK ・専業大家は個別に審査 ・サラリーマン大家のほうが得意
諸費用ローン	諸費用ローン不可
土地先行取得（つなぎ融資）	つなぎ融資可能
対象エリア	・住所地か物件所在地が以下のいずれかにあること 　関東（1都3県）、札幌、静岡、福岡、名古屋、大阪 　神戸、京都は碁盤の目のなか＋嵐山、静岡県は山側、福島、盛岡 ・100万人以上の都市にしか融資しない（千葉県は微妙） ・戸建ては厳しい。特に地方物件。都内であれば検討可能
繰上返済手数料	5年以下で繰上返済した場合は残債の2%が違約金となるが、5年超であれば1万円ほどの手数料のみ
そのほかの情報	・審査日数 ⇨ 面談後3週間 ・不動産業者、仲介業者、請負業者の審査もしている ・共同担保は取らない ・必要書類 　法人の決算書3期分、個人の確定申告書3年分、住宅ローン返済予定表、物件概要書、公図、謄本、レントロール ・法人の場合、債務超過になっていないかを気にする

そのほかの情報	役員借入金を資本金と同様とした場合に債務超過になっているかどうか ・既存法人を持っている場合、新規法人で購入することは嫌われる 　既存法人で追加物件購入はOK ・指定信用情報機関（CIC）には個人で借り入れた場合のみ記載され、法人の場合はなし ・融資実行時の手数料 　　法人 ⇨ 借入額 × 0.55% 　　個人 ⇨ 22万円 ・火災保険にかかる質権設定必須。火災保険は長期一括10年契約が必須条件

Q11 減価償却の任意償却以外で法人の節税対策を教えてください。

A 方法の1つとして社宅購入があります。

解説

　アパートやマンションを法人名義で購入し、他人へ賃貸するのではなく経営者の自宅として使用した場合、そのアパートやマンションは法人の社宅として扱うことになります。

　経営者の個人名義で購入して自宅として使用するのではなく、法人の社宅として購入することでメリットが生まれます。それは、**「法人税の節税効果が非常に高い」**ことです。

　個人でマンションを購入した場合、次のような費用がかかってきます。

　　・購入時の登録免許税、司法書士報酬
　　・売買契約書の印紙代
　　・マンションの管理組合に支払う管理費

- ・マンションの管理組合に支払う修繕積立金
- ・固定資産税
- ・火災保険料、地震保険料
- ・支払利息（ローン利用時）

　これらの費用は、個人で購入した場合には100％経費にすることはできませんが、**法人で購入した場合には全額経費処理することができます。**

　さらに、建物に相当する金額に関しては、経年によって資産価値を減らすための減価償却費も法人の経費にできます。法人の経費とした費用はすべて、法人税の計算上損金に算入されるため、結果として法人税の節税効果が高まることになります。

　このようなメリットを享受するためには気を付けなければならないことがあります。

　法人名義でマンションを購入して経営者の自宅にした場合、経営者がその社宅に無償で居住すると賃貸料相当額が給与として課税され、経営者の所得税が高くなってしまいます。社宅に無償で住むことは経済的利益（現物給与）を受けることに当たるため、役員報酬が上がって所得税の納税額が増えてしまうわけです。

　経営者の所得税負担が重くならないようにするためには、経営者が会社に1カ月あたり一定額の家賃（社宅負担金）を支払うことで解決できます。

　経営者を含む役員が会社に支払う家賃（社宅負担金）は、社宅の床面積により小規模な住宅と、それ以外の住宅とに分けて計算します。

小規模な住宅

　床面積が99㎡以下（木造の場合は132㎡以下）の住宅のことを

小規模な住宅といいます。一般的なケースでは、この小規模な住宅に該当することがほとんどです。

　次の❶〜❸の合計額が、役員が支払う家賃になります。

> ❶ （その年度の建物の固定資産税の課税標準額）× 0.2%
> ❷ 12円 ×（その建物の総床面積（㎡）／ 3.3㎡）
> ❸ （その年度の敷地の固定資産税の課税標準額）× 0.22%

小規模以外の住宅

> 次の❶と❷の合計額の $\frac{1}{12}$
> ❶ その年度の建物の固定資産税の課税標準額 × 12%
> ❷ その年度の敷地の固定資産税の課税標準額 × 6%

　上記の計算式を見るとわかるとおり、**床面積から役員が負担する家賃の計算をする際には「固定資産税の課税標準額」が重要になります。**

　固定資産税の課税標準額は固定資産税の納税通知書に記載されていますが、もしわからなければ固定資産税の課税標準額を確認できる閲覧制度がありますので、市役所や区役所の税務課窓口で閲覧申請をしてみてください。特に新築マンションの場合、購入時点では固定資産税の課税標準額がすぐにわからないケースもあります。そういった場合は、おおまかに家賃の50％を役員負担として設定すれば大丈夫です。

　逆に、法人の社宅として購入する場合のデメリットには次のようなものがあります。

法人で購入する場合のデメリット
・フラット35などの住宅ローンを使うことができない
・個人の住宅ローンであれば借入期間30年〜35年、借入
　金利1％ほどで借りられるが、法人でローンを組む場合
　は住宅ローンではないので借入期間15年、借入金利2％
　などになる可能性がある
・経営者が住宅ローン控除を使うことができない
・個人名義で取得したあと売却し、利益が生じた場合、一
　定の要件に該当すれば、その譲渡所得から「居住用財産
　の譲渡の3,000万円の特別控除」を受けることができる
　が、法人には同じ規定がない

　全体を通していえることは、税制面では法人で取得するほうが
有利、資金調達面では個人で取得するほうが有利、となります。

質問集編

あとがき

　本書は、私にとってはじめての書籍になります。

　本書の内容は、もともとセミナーなどの講演を通してお話ししていたもので、それを今回書籍という形にまとめました。

　セミナーで講演したあとに、「こういう減価償却の話ははじめて聞いた！」「工夫できることを知らなかった！」「減価償却について今まで誤解していた！」というような声を多数いただいていたことが執筆に至った一番の理由です。

　少しでも皆さんに減価償却のテクニックを知ってほしい——
　不動産投資で成功する人が増えてほしい——
　不動産投資により1円でも多く手残りを増やしてほしい——

　こんな想いを持ちながら筆を走らせました。

　不動産投資に関する書籍は書店でも多く目にしますが、そのなかで「減価償却」というテーマに絞ったものは少ないと思います。減価償却について迷ったとき、わからなくなったときには、ぜひ再びこの本にアクセスしてもらえればと思います。

　最後に、この本を手に取っていただいたすべての方に最大限の感謝を込めて、あとがきを締めたいと思います。
　お読みいただき本当にありがとうございました。

索 引

索 引

著者紹介

萱谷 有香（かやたに・ゆか）

叶税理士法人 副代表。不動産専門の税理士。
不動産投資に特化した税理士事務所で働きながら収益物件について税務と投資の面で多くの知識を得られたことを活かし、自らも不動産投資を手がける。
不動産投資のなかで重要なポイントである「減価償却費」について徹底的に掘り下げて考えている。投資家に1円でも多くお金が残るよう、投資家・税理士の立場から不動産投資における減価償却についてコンサルティングやセミナーを手がける。大手管理会社、ハウスメーカーや賃貸フェアなどでの講演実績があり、記事執筆も行う。
不動産投資の規模を拡大していくために、なくてはならない金融機関からの融資についても積極的に紹介やアドバイスを行う。金融機関から融資を引きやすい、または金利交渉をしやすい決算書の作成を得意とする。
物件購入前、物件保有中、物件売却時、相続時、どの時点で相談を受けても必ず投資家にプラスになるアドバイスを心がけている。

不動産投資の税金を最適化
「減価償却」節税バイブル

2021年 7月23日　初版　第1刷　発行
2023年 9月16日　初版　第3刷　発行

著　者　　萱谷 有香（かやたに ゆか）
発行者　　片岡 巌
発行所　　株式会社技術評論社
　　　　　東京都新宿区市谷左内町 21-13
　　　　　電話　03-3513-6150　販売促進部
　　　　　　　　03-3513-6166　書籍編集部
印刷／製本　日経印刷株式会社

定価はカバーに表示してあります。

本書の一部または全部を著作権法の定める範囲を超え、無断で複写、複製、転載、テープ化、ファイルに落とすことを禁じます。

ⓒ 2021　Kisukaru Ltd.Co.

造本には細心の注意を払っておりますが、万一、乱丁（ページの乱れ）や落丁（ページの抜け）がございましたら、小社販売促進部までお送りください。送料小社負担にてお取り替えいたします。

ISBN978-4-297-12197-6 C2034
Printed in Japan

カバーデザイン
TYPEFACE

本文デザイン＋レイアウト
矢野のり子＋島津デザイン事務所

お問い合わせについて

本書は情報の提供のみを目的としています。最終的な投資の意思決定は、お客様ご自身の判断でなさるようお願いいたします。本書の情報に基づいて被ったいかなる損害についても、筆者および技術評論社は一切の責任を負いかねます。
本書の内容に関するご質問は弊社ウェブサイトの質問用フォームからお送りください。そのほか封書もしくはFAXでもお受けしております。
本書の内容を超えるものや、個別の投資コンサルティング、税務相談に類するご質問にはお答えすることができません。あらかじめご承知おきください。

〒162-0846
東京都新宿区市谷左内町 21-13
（株）技術評論社　書籍編集部

**『不動産投資の税金を最適化
「減価償却」節税バイブル』質問係**

FAX…03-3513-6183
質問用フォーム…https://gihyo.jp/book/2021/978-4-297-12197-6

なお、訂正情報や追加情報が確認された場合には、https://gihyo.jp/book/2021/978-4-297-12197-6/support に掲載します。